JN174951

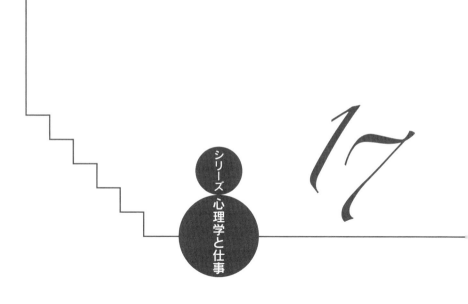

シリーズ 心理学と仕事 17

環境心理学

太田信夫 監修
羽生和紀 編集

北大路書房

主に活かせる分野／凡例

 医療・保健

 福祉・介護

 教育・健康・スポーツ

 司法・矯正

 産業・労働・製造

 サービス・販売・事務

 IT・エンジニア

 研究・開発・クリエイティブ

 建築・土木・環境

監修のことば

いきなりクエスチョンですが，心理学では学会という組織は，いくつくらいあると思いますか？

10？　20？　30？　50？

(答 ⅱページ右下)

　答を知って驚いた方は多いのではないでしょうか。そうなんです。心理学にはそんなにもたくさんの領域があるのです。心理学以外の他の学問との境界線上にある学会を加えると 100 を超えるのではないかと思います。

　心理学にこのように多くの領域があるということは，心理学は多様性と必要性に富む学問である証（あかし）です。これは，心理学と実社会での仕事との接点も多種多様にさまざまであることを意味します。

　折しも心理学界の長年の夢であった国家資格が「公認心理師」として定められ，2017 年より施行されます。この資格を取得すれば，誰もが「こころのケア」を専門とする仕事に従事することが可能になります。心理学の重要性や社会的貢献がますます世間に認められ，大変喜ばしい限りです。

　しかし心理学を活かした仕事は，心のケア以外にもたくさんあります。私たちは，この際，心理学と仕事との関係について全体的な視点より，整理整頓して検討してみる必要があるでしょう。

　本シリーズ『心理学と仕事』全 20 巻は，現代の心理学とそれを活かす，あるいは活かす可能性のある仕事との関係について，各領域において検討し考察する内容からなっています。心理学では何が問題とされ，どのように研究され，そこでの知見はどのように仕事に活かされているのか，実際に仕事をされている「現場の声」も交えながら各巻は構成されています。

　心理学に興味をもちこれからそちらへ進もうとする高校生，現在勉強中の大学生，心理学の知識を活かした仕事を希望する社会人などすべての人々にとって，本シリーズはきっと役立つと確信します。また進路指導や就職指導をしておられる高校・専門学校・大学などの先生方，心理学教育に携わっておられる先生方，現に心理学関係の仕事にすでについておられる方々にとっても，学問と仕事に関する本書は，座右の書になることを期待していま

す。また学校ではテキストや参考書として使用していただければ幸いです。

　下図は本シリーズの各巻の「基礎－応用」軸における位置づけを概観したものです。また心理学の仕事を大きく分けて、「ひとづくり」「ものづくり」「社会・生活づくり」とした場合の，主に「活かせる仕事分野」のアイコン（各巻の各章の初めに記載）も表示しました。

　なお，本シリーズの刊行を時宜を得た企画としてお引き受けいただいた北大路書房に衷心より感謝申し上げます。そして編集の労をおとりいただいた奥野浩之様，安井理紗様を中心とする多くの方々に御礼を申し上げます。また企画の段階では，生駒忍氏の支援をいただき，感謝申し上げます。

　最後になりましたが，本書の企画に対して，ご賛同いただいた各巻の編者の先生方，そしてご執筆いただいた 300 人以上の先生方に衷心より謝意を表する次第です。

監修者

太田信夫

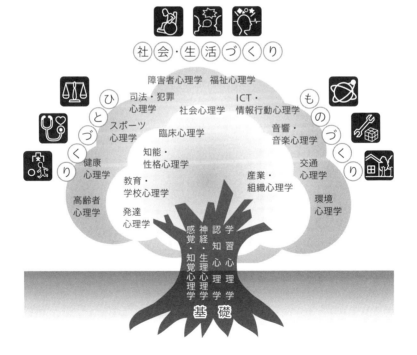

（答 50）

はじめに

　現代は「環境」の時代です。第1に，地球環境問題に対する関心が非常に高まっています。定期的に報じられる地球温暖化の問題は，多くの人々の深い関心事になりつつあり，地球という環境において人類がこの先勝手気ままに活動することは許されないのだという意識と態度が確実に形成されています。また，埋蔵されている石油や石炭などの化石燃料の量は無尽蔵ではなく，むしろこのままの消費を続けた場合には近い将来に枯渇しかねないという知識も広く普及しています。

　生活レベルでは，こうした地球環境が危ういという知識をうけ「地球にやさしい」という価値観が多くの人々に自然な形で共有され，エコバックを使うこと，ゴミの回収において資源を分別回収に出すこと，リサイクルの製品を購入することなどは，すでに特別なことではなく，ごく普通に生活の一部になっています。また，資源やエネルギーの節約を目的にしたものであれ，地球温暖化の主な原因といわれる二酸化炭素の放出量の削減を目的としたものであれ，あるいは単なる金銭的な節約を目的としたものであれ，商品の選択において，エコカーやエコ家電を選択するということは，もはやめずらしいことでありません。　そして，メーカーもそれにこたえ，年々技術を革新し，エコカーのエネルギー効率・燃費は向上し，エコ家電の消費電力も10年前の製品と比べて数分の一になっています。

　天然資源が乏しく，また人口のわりに利用可能な土地が狭い日本では，伝統的に節約や再利用の制度や習慣が根付いてはいました。しかし，近代になり，特に戦後の産業や社会の変化に従い，消費こそが繁栄であり，豊かな生活であるという価値観が優勢になっていきました。消費という価値観にかげりが見えたのは，1960年代ごろから公害の問題や石油供給への危機感がきっかけであり，それ以降景気の良し悪しを反映した波はあったものの，ここ20年ほどで「地球にやさしい」という価値観は完全に定着したといえるでしょう。

　第2の「環境」として，現代社会では，地球環境という大きなレベルとは別に，住環境や生活環境に対する関心が強くなっています。インテリアや家具を扱う大型の店舗が人々を集め，書店には多くのインテリアや家具

の雑誌が並んでいます。また，ハウスメーカーの住宅展示場に行けば，多様なモデル住宅が建ち並んでいるでしょう。それらは，伝統的な日本家屋ではなく，また，これまで建売住宅と呼ばれてきたような画一的な規格にされたものではなく，人々の多様な好みやこだわりにこたえるための，デザインに優れ，内装やレイアウトにさまざまな工夫を凝らし，さまざまな便利な設備を持った新しい形の住宅です。たとえば，これまでに日本の住宅ではあまり使われてこなかった，間接照明や部分照明が積極的に使用され，また，ここしばらく単に古臭いものとして敬遠されてきた畳敷きの部屋や掘り炬燵などが，居心地のよさや安全性，あるいは個性的であるというような新しい視点から再評価され，新しいデザインとして積極的に取り入れるようなことが起こっています。

　また，産業や商業活動においても環境の重要性が認識されるようになっています。たとえば，カフェは単なる飲食の場ではなく，多くの人が快適な場所，くつろげる場所として利用しています。カフェの運営側もそのことは強く意識しており，レイアウトやインテリアを工夫しているようです。そのため現在の日本には，アメリカのヒッピーカルチャー，ヨーロッパのカフェテリア文化，日本型の喫茶店様式の影響をさまざまな形で受け，工夫を凝らしたデザインのカフェが存在しています。また，大型の商業施設においては，新しいトイレを集客の戦略として用いることが一般化しつつあります。「トイレ戦略」には，広く清潔にするということから，乳幼児のオムツを変えるスペースがあるというような機能に関わるもの，あるいはオシャレなインテリアということまで，さまざまな方法があります。

　オフィスにおいても環境の重要性は高まっています。最近までの日本企業に多く見られた，大部屋の中に複数の机をくっつけて島を作る，島型オフィスのレイアウトが見直され，さまざまな新しいレイアウトのオフィスが試されています。中には，個人が特定の机を持たず，必要に応じて空いている机を使うフリーアドレスオフィスというようなものもあります。さらには，先端的なIT企業や海外のアニメ制作会社の，まるでテーマパークや子どもが夢見る秘密基地のようなオフィスがたびたび話題になり，憧れの対象になることも多いでしょう。オフィスデザインの変更の理由はいろいろあるようですが，「産業構造の変化に伴うオフィス機能の目標修正」と「企業イメージや従業員の福利厚生の改善」に大きく分けることができます。「産業構造の変化に伴うオフィス機能の目標修正」とは，これまでのある程

度長期的に定型化した仕事を大量に効率的に処理することで収益を上げるという産業構造から，流動的に変化する多様な仕事において創造的な価値，付加価値を生み出していくという産業構造へと移行することを意味しています。つまり，経済の国際化，グローバル化が進んだことにより，コストの高い先進国では，すでに存在する仕事に関しては，発展途上国に対する競争力が下がるために，今までにない新しい仕事を生み出すことが必要になり，そのため効率性よりも，知的な創造性を高めるオフィスが必要になってきたということです。

　「企業イメージや従業員の福利厚生の改善」とは，すばらしいオフィスを持つことで，働きやすくなるだけではなく，社外からの評価が上がったり，社員のプライドが高まるようなことを意味しています。社外からの評価として，順調な経営が行われているという印象を与えることで取引がうまくいったり，憧れるようなオフィスを持つことで優秀な人材を求人できることが考えられます。また，社員がすばらしいオフィスで働いているということにプライドが持てれば，労働意欲が高まったり，離職率が下がったりする効果も期待できるのです。

　施設においても，環境の重要性の認識は高まっています。新しく作られる病院では治療室や入院室だけではなく，待合室や受付のデザインまでも快適に過ごしやすくするための工夫が凝らされていることに気がつくでしょう。学校では複数のクラスが大きな教室を共有して授業を行う，オープンプランというレイアウトが，ここ数十年さまざまな場所で試みられており，明らかになった利点と問題点が蓄積されています。

　このように，環境というキーワードは，大きなスケールから小さなスケールまでのさまざまな事柄において，表に出ることも出ないこともあるものの，現代社会の最も重要なキーワードになっているのです。そして，ここにあげたようなさまざまなスケールの「環境」はすべて環境心理学の扱う「環境」なのです。もちろん，地球環境問題は，啓座活動や社会的習慣，法制度あるいは利用可能なテクノロジーに関係しています。住環境や生活環境をつくることに直接関係するのは建築や土木，あるいは造園や都市計画です。しかし，こうした環境の問題に関しては，必ず人間の要素が関わっています。環境の利用者として，環境を変化させたり，造り上げる者として，あるいは環境に関する政策や方針の意思決定者として，人間は環境に関わっており，そうした関わりにおける人間の心理や行動を研究するのが環境心

理学なのです。また，ここまでに書いたこと以外にも，環境心理学が扱っ
ている人間と環境の関係から検討すべき課題は多数存在しています。

　こうしたことから，環境心理学は，社会への深い貢献が期待される問題
解決型の心理学として心理学内部からの期待があると同時に，環境に関わ
る心理的要素を研究するための科学的な方法をもつ領域として，実社会か
らの要請も非常に大きなものがあります。現代が「環境」の時代である以上，
環境心理学は最も現代的な心理学の領域であり，最も期待されている心理
学の領域の 1 つなのです。

編　者
羽生和紀

目 次

第1章

環境心理学への招待

活かせる分野

　環境心理学へようこそ。環境心理学はみなさんを歓迎します。

　それではまず「環境心理学とは何か」について紹介していきましょう。

1節　環境心理学とは何か

　環境心理学は心理学の中でも，比較的歴史が浅く，そのため専門にしている研究者も多いとはいえないために，知っている人は少ないかもかもしれません。短くいえば，「環境心理学とは，環境を重視する（大事に扱う）心理学」のことです。しかし，そもそも心理学自体が知名度は高いものの，実態がよく理解されていない学問の代表なので，これだけでは，本当の意味が伝わらないかもしれませんね。まず，環境心理学とは何かを考える前に「心理学とは何か」について少し考えてみましょう。

1. 心理学とは何か

　書店をのぞくと，「他人の心を読んだり」「他人を操ったり」あるいは「もてたり」「儲かったり」「うまくいったり」するための「心理」の本がたくさんあります。しかし，これらは学問としての心理学の本

1

ではありません。そうした本は心理学者以外の人が考えた，いわば「心理テクニック」の本であり，そんな心理テクニックのほとんどは心理学の知識を用いたものではないのです。心理学の知識を用いたものでも，研究により効果が確認されているものは少ないのです。つまり，そうした本のほとんどは，うまくいくかどうかは別として，学問としての心理学の研究とはあまり関係がありません。他人の心を読み，利己的に他者の行動を操ることは心理学の目指すところではないのです。また，一部の心理学はそうした心理テクニックを扱いますが，それらをすすめているのではなく，そうした現象を知らしめることで，それらを防ぎたいと考えているのです。

　また，いわゆる「心理テクニック」が心理学ではないと知っている人でも，心理学とは「カウンセリング」や「心理テスト」を行う学問だと思っている人は多いでしょう。これらは臨床心理学と呼ばれる，学問としての心理学の領域の1つです。また，最近は小説やドラマ，映画などのメディアで取り上げられることがとても多いことからか，犯罪心理学やプロファイラーに対する関心が高いようです。同時に，世間の関心がこれだけ高いので，各種メディアが犯罪心理学を取り上げるともいえるでしょう。

　実際，心理学を専攻している大学1年生に心理学の中で興味関心をあることをたずねると，ほぼ全員がこの臨床心理学か犯罪心理学であると答えます。臨床心理学も犯罪心理学も，学問としての心理学のたいへんに重要な一部です。そして現実世界への貢献という点を考えれば，臨床心理学と犯罪心理学が心理学であるというイメージが存在することは不思議ではないのかもしれません。しかし，学問としての心理学は，臨床心理学と犯罪心理学のみを研究しているわけではないのです。

　臨床心理学の専門家は，学校で悩みを抱えている人の相談にのったり，病院で心の病をもつ人に対応したりします。犯罪心理学の専門家は，犯行の心理を分析し，また逮捕された犯人の教育（矯正といわれ，更生を促すことで再犯を防ぎ，社会復帰のための能力を養うこと）を行います。こうした心理学の専門家が扱う対象は，心の問題を抱えていたり，反社会的な行動をしたり，望ましくない態度をもっていたりする，基本的に通常の状態ではない人間です。こうした，通常ではない状態の人間を扱うことは心理学の重要な一面です。しかし，心理学

は通常の状態の人間，普通の人間も対象にするのであり，むしろそうした研究のほうが多いのです。

　つまり心理学とは，心に問題がある人に限定しない，すべての人間の心を対象とした学問なのです。そして，心理学は心と同時に行動も研究対象とします。この行動とは，目に見える身体的行為だけを意味しません。ここでの行動とは観察や測定可能な生物学的・生理的状態のすべてを意味しています。つまり，体内の状態も，脳の活動もすべて行動と考えます。また，研究の対象は人間だけではない，人間の心と体の働きを調べるために他の動物について研究することもあります。また，動物の心理そのものを研究することもあります。したがって，心理学の定義は「人間や動物の心と行動を研究する学問」ということになります。

2.　環境心理学とは何か

　これで「心理学とは何か」が説明できました。ようやく「環境心理学とは何か」について考える準備ができたことになります。すでに「環境心理学とは，環境を重視する（大事に扱う）心理学」であると述べました。つまり，環境心理学は心理学の一領域である以上，心と行動に注目するが，同時に環境心理学は環境も同じように重視して研究する研究領域なのです。

日常生活で使われる「環境」と環境心理学

　日常生活で使われる「環境」という言葉には地球環境というニュアンスが含まれることがあります。地球温暖化問題からエコバック，マイ箸にいたるまでの幅広いすべての環境問題における「環境」のことです。こうした，環境問題やエコロジーの問題も環境心理学には含まれます。もちろん，環境問題やエコロジーの問題は，生物学や地球物理学などの多くの自然科学，社会制度や法律を扱う行政・政策学，さらには生産や販売に関わる経済学，技術的な開発を求める工学など幅広い領域で解決法を探していく必要があります。こうした中で，環境心理学は「地球にやさしい行動」「環境保護行動」など，生活者・消費者の心と行動に関する問題を研究しています。また，社会制度や経済活動においても，実は心と行動の問題は重要であり，環境心理学では，環境問題に関わる，消費者・生活者以外の意思決定や合意形成の研究も始まっています。

ここでいう「環境」とは，ある存在を取り巻き，その存在に関係するもののすべてです。もちろん環境心理学以外の心理学の領域でも「環境」というものは重視されることがあります。たとえば，発達心理学やパーソナリティ（知能・性格）心理学における「生まれか育ちか」の問題では，性格や能力が生まれつきのものか，生育・生活環境によるものかということが長年検討されてきました。犯罪心理学における，犯罪原因論でも，犯罪者になってしまう理由として，生まれつきの傾向と生育・生活環境のどちらのほうが重要なのかについて議論が続いています。また，有名な社会心理学者であるレヴィン（K. Lewin）の「場の理論」では，行動はパーソナリティと環境の関数で規定されるとしています。しかし，このような議論や理論における「環境」は，主に家族や親しい人たちとの関係である対人的環境と，生活している社会やコミュニティにおける慣習や価値観などの文化的環境を意味しています。対人的環境と文化的環境をまとめると社会環境ということになりますが，そこには建物や街，都市の構造といったような，モノとしての環境はあまり含まれていません。一方で，環境心理学ではこうした社会的環境のみを重視するわけではありません。環境心理学は物理的環境と呼ばれる，モノとしての環境も重視します。また，環境を心と行動の研究を行ううえでの背景として扱うのでもありません。環境心理学において環境は，心と行動と並ぶ主役なのです。したがって環境心理学とは「心と行動とともに，物理的・社会的環境を研究対象とする心理学」ということになるでしょう。

3．環境心理学の歴史

　次に，環境心理学の歴史について簡単に触れておきましょう。環境心理学は，アメリカとイギリスを中心として，1970 年頃に成立しました。学問領域が成立したと判断されるためにはいくつかの基準がありますが，ここでは大学に専攻ができたことと，学会の成立および学会誌の発刊から判断しています。アメリカの City University of New York に最初の環境心理学を専攻する過程が設立されたのは 1968 年のことです。翌年の 1969 年にはアメリカを中心として，最初の環境心理学系の学会である EDRA（Environmental Design Research Association）が設立され，同年には学術誌『Environment and

Behavior』も創刊されました。日本においては，その直後から導入が始まっているものの，最初の環境心理学に関係する学会である人間・環境学会が成立したのは 1982 年であり，直接，環境心理学を名称にする日本環境心理学会の設立は，EDRA に遅れること 40 年の 2008 年です。

　1970 年頃に環境心理学が成立した理由の 1 つには，1960 年代に出現し，急速に悪化した多くの環境問題とそれに伴う環境意識の高まりがあります。この時期，北米とヨーロッパにおいて酸性雨が森林に大きな被害を与えました。酸性雨とは，自動車や工場から排出される大気汚染物質（主に二酸化硫黄と二酸化窒素）が雨とともに降り注ぐことです。また，公害も大きな社会問題になりました。アメリカでは西海岸のスモッグ問題が，日本でも都市のスモッグや海のヘドロ，あるいは工場から排出された有毒性をもつ重金属による疾病が深刻な社会問題化したのです。また，それまでは十分な数を用意し，機能を果たすことを目標に造られてきたいろいろな施設，特に公営集合住宅や医療福祉施設に対して，不便さや不快さから利用者の不満が高まり，解決や改善が求められました。しかし，そうした問題に対して理想や価値観，予測的な分析による計画的な解決法があまりうまくいかなかったこともあり，研究や調査に基づく，現実をよくふまえた解決法が求められたのです。こうした，環境問題への意識の高まりをうけ，環境問題を解決するために現実を研究・調査する研究領域として環境心理学が成立しました。また，心理学の中でも，生態学的心理学者のバーカー（R. Baker）や生態学的知覚心理学者のギブソン（J. J.

酸性雨　　　スモッグ　　　ヘドロや汚水

いろいろな環境問題

Gibson）のような，現実環境の中の人間の心理機能を研究することの重要性を示す研究者の研究が注目され始めていたことも，環境を研究する環境心理学の設立の後押しをしました。こうして成立した環境心理学を構成していたのは，心理学者に加えて，地理学者，社会学者，建築学者，都市計画学者，造園学者，文化人類学者などさまざまな領域の研究者と実務家でした。こうした多様な人たちが，自分たちの領域の研究から持ち寄ったさまざまな知見・報告や理論・モデル，研究方法の中で，特に重要性が認められたものが受け入れられ，それらが環境心理学という領域の原型を形づくったのです。こうした複数の研究領域の性質を併せ持つ学際領域としての性格は現在の環境心理学の中にも色濃く残されています。

4. 環境心理学という言葉

　最後に，環境心理学という言葉についてふれたいと思います。3文字以上の漢字の熟語は，切る場所によって意味が変わることがあります。環境心理学も漢字5文字の熟語なので切る場所で意味合いがやや変化します。まず「環境」と「心理学」の間で意味的に切り分けてみましょう。これは，「環境の心理学」ということになります。これが，ここまで説明してきた，心理学の一領域としての環境心理学のことです。次に「環境心理」と「学」の間で切り分けると，「環境心理の学」となります。学のつかない環境心理は，主に物理的環境における人間に関係する要素という意味を持つことがあります。つまり，心理学以外の領域において研究される建築物や場所・都市における人間に関わる要素のことを広く意味することがあり，こうした要素を研究する「学」は環境行動学と呼ばれることがあります。環境心理の学では，特定の問題・課題を定め，それを解決する手段として研究が主に行われます。

　環境心理学を環境の心理学としてとらえる立場を狭い意味での環境心理学とし，環境心理の学ととらえる立場を広い意味での環境心理学と考えることがあります。本書は，「環境の心理学」としての環境心理学について主に書かれていますが，「環境心理の学」としての内容も一部含んでいます。

2節　環境心理学が扱う領域とテーマ

1. 人工環境と自然環境

　すでに述べたように環境心理学が扱う環境には実体をもつモノである物理的環境と，実体をもつモノではありませんが，人間を取り巻いている対人的環境と文化的環境の総体である社会的環境が含まれます。環境心理学が扱う物理的環境はさらに，人工環境と自然環境に分けることができます。

(1) 人工環境

　人工環境とは，人に造られた環境のことです。建築物がその代表ですが，都市のような大規模な人工環境もあります。このように規模・スケールで分ける場合には，小規模な環境をミクロ（micro）環境，中間的な規模の環境をメゾあるいはメソ（meso）環境，大規模な環境をマクロ（macro）環境と呼びます。たとえば，1つの建物，あるいは1つの敷地内はミクロ環境，1つの町会や小中学校の学区，あるいは地域のコミュニティなどがメゾ環境，都市や街全体がマクロ環境ということになります。

　環境心理学ではこのように人工環境を規模で分けることもありますが，機能で分けることもあります。たとえば，以下のような区分です。

　　①家屋や集合住宅などの住環境
　　②オフィスや工場などの労働環境
　　③小売業や飲食業，テーマパークなどの商業・サービス施設環境
　　④学校や美術・博物館などの教育環境
　　⑤病院や高齢者施設などの医療福祉環境

　それぞれの例について，詳しくみていきましょう。

①住環境の研究

　この研究では，「自分のイメージに合った素敵なインテリアを作るにはどうするか」を考えます。つまり住環境の研究では，どのようなインテリアや家具の配置が住みやすいか，好まれるかがもちろん研究されています。照明や内装や家具の色合いの研究も多いです。また，

別々の機能を持つ部屋，たとえばリビングと個室・寝室が，どのように使い分けられているか，それぞれどんな心理的機能，たとえば家族との交流や疲労やストレスからの回復などの機能を持っているかも研究されています。一軒家と集合住宅のもたらす心理的機能の違いに関する研究や，超高層住宅のような特別な住環境に関する研究もあります。すこし意外な研究としては，家屋の外見から住人の特徴や性格がどのように推定されるかというような研究もあります。また，家屋そのものではなく，広くどのような住地域が好まれるか，望ましいと評価されるかという研究もされています。具体的な研究については，本書の最後にある推薦図書に当たってください。以下すべての研究テーマの具体的な研究についても同様に推薦図書を参照してください。

②労働環境の研究

　この研究では，主に「どのような労働環境が好ましいか」ということと，「どのような労働環境の作業効率が高いか」の視点から研究が行われています。つまり働きやすい労働環境とお金が儲かる労働環境を見つけることを目的に研究がされているわけですが，この２つの目的は簡単に両立するわけではありません。たとえば，オフィスを気が散らないように何もない殺風景な空間にして，教室型に机を並べ，さらに背後から監視するように上司の机を配置すれば，従業員はさぼらずに，てきぱきと効率的に働くしかないでしょう。しかし，そうしたレイアウトのオフィスで働く従業員の不満は高まるにちがいありません。さらに長期的には欠勤や退職も増えることが予想され，結果として優れた従業員が減ってしまうことになりかねないのです。労働環

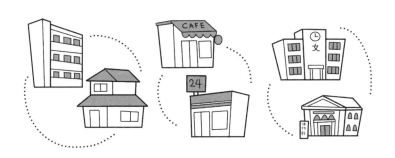

人工環境に含まれるものの例

境の研究は，働きやすく，かつ労働効率がいい環境を考えることが必要であり，そのために，さまざまなレイアウトや内装，照明法が研究されています。特に最近は，各従業員が特定の机を持たず，作業ごとに机を選ぶフリーアドレスオフィスがよく研究されています。また，有名IT企業などで採用されている，自分の個室を自分の好みに合わせて自由に作り上げたり，会社内に娯楽・アスレチックス施設や無料の飲食施設を設けるなどした「楽しいオフィス」に対する注目が高まっています。

③商業・サービス環境の研究

この研究では，「素敵なカフェとただの喫茶店が違っている理由」や「高級なのに入りたくなるお店と高級感が敷居の高さを感じさせるお店が違っている理由」を考えます。小売店，特にスーパーマーケットやコンビニエンスストアに関しては，陳列法と売り上げの関係の研究が盛んに行われています。商品陳列におけるフロアにおける位置，棚の中での高さと売り上げの間には，強い関係が見いだされています。また，飲食店の評価やイメージとインテリアのタイプ，内装の色，照明法の関係も盛んに研究されています。特に照明法を変えることにより，店の望んでいる雰囲気を作り上げたり，作り損ねたりすることがわかってきました。テーマパークに関しては，訪問理由，スムーズな移動を促す工夫，建物の見え方まで，さまざまな心理的な効果に関する検討が行われています。素敵なテーマパークが夢の国を感じさせるには多くの理由があるのです。

④教育施設の研究

この研究では，「教室の建築としてのデザインに関する研究」と「学校における教室の雰囲気や風土に関する研究」とが盛んに行われています。「教室のデザイン」に関しては，ここ何十年かクラスごとの壁をなくして，大きなスペースで複数の授業が同時に行われるオープンスペースの教室デザインがいろいろな形で試みられ成果を上げていますが，同時に騒音の問題などの弊害があることも明確になってきました。オープンスペースは万能の答えではなく，向き不向きがあることが認識されており，より柔軟な空間を作り出すためのデザインが模索されています。「教室の雰囲気や風土に関する研究」とは，物理的な存在ではなく，クラスの教師・教員と生徒・学生が生み出す社会的関

係と機能のことです。よい関係や機能を生み出せない最悪の場合には，学級崩壊ということになります。

学校以外の教育環境の研究としては，ミュージアムの研究が盛んです。英語の museum は，博物館と美術館の両方を意味する言葉で，ミュージアム内部での見学移動行動や満足度，来訪理由などの研究が行われています。

⑤医療福祉施設の研究

この研究では，特にグループホームなどの痴呆高齢者のケア環境の研究が盛んです。学校建築と同様に，痴呆高齢者のケア環境に万能の答えはなく，高齢者の能力や状態，さらには価値観に応じた柔軟性をもつ，多様な環境デザインの必要性が認識されつつあります。また，徘徊の問題などの痴呆高齢者固有の環境行動問題に対する，デザイン的な解決策なども研究されています。また，病院環境に関する研究も多いです。効率化のための病室のレイアウトや病院内での移動の動線に関する研究が盛んですが，待合室の評価の研究や，病院内にアート作品を置くことで雰囲気を改善し，特に子どもの患者の病院への苦手意識を和らげるヒーリング・アートに関する研究なども始まっています。医療福祉施設は，これまで十分な機能性と効率が重視され，利用者の利便性や満足度がやや軽視されてきた傾向がありましたが，近年はそれだけではなく，このような利用者視点からの評価の重要性が認識されてきました。このように利用者の心理を考えるならば，環境心理学における医療福祉環境というテーマは今後ますます重要性を高めることが期待されます。

その他の人工環境についての研究

本文で述べた人工環境の機能による分類の中にはうまくおさまりませんが，道路や駅，空港，公園，刑務所というような施設に対する研究も環境心理学では長年重要なテーマとして研究がされています。また，長期間にわたり狭い空間に閉鎖されるような極限環境というのも環境心理学の重要な研究対象であり，宇宙船や宇宙ステーション，あるいは原子力潜水艦の内部環境の研究が特に盛んに行われてきました。

（2）自然環境

　次に自然環境について考えてみましょう。人工環境と対比するなら
ば，自然環境とは人に造られていない環境を意味することになるで
しょう。しかし，人が関わる環境の中で人に造られていない環境とい
うものは，実はあまり存在しません。たとえば，自然環境の代表であ
る森や山林のほとんどはそこに元から存在した木を切ったあとに植林
された，つまり人が木の苗を植えたものです。こうした森や山林は人
工林と呼ばれ，植林後も定期的に管理され，木が十分に生長すると，
伐採され材木として出荷されます。そして，また新しく植林がなされ
るのです。つまり，人工林は材木の畑です。日本における人工林の多
くはスギやヒノキのような木が生えている針葉樹林です。人の手がほ
とんど入ったことがない原生林というものも存在はしますが，とても
少ないものです。原生林は保護の対象であったり，非常に厳しい地形
を持っていたりするため，そもそも立ち入ることは難しく，人と関わ
る機会は少ないです。

　一度は人の手が入ったとしても，その後は管理されず，勝手に種か
らの発芽と生長による再生による維持が行われている森や山林は天然
林といわれます。原生林と人工林の中間的形態といえる天然林は日本
の森林の約半分を占め，その多くは広葉樹林です。都市部に残された
林や里山と呼ばれる農業地域にある森も，広い意味で天然林です。人
によって造られていないということからは，こうした都市部の林や里
山のような人が関わる機会が多い天然林が自然環境の代表といえるで
しょう。しかし，環境心理学では人工林や植物が豊富な公園なども自

自然環境に含まれるものの例

然環境として扱うことが多いです。つまり，自然というものを人に造られていないというだけではなく，自然の要素，つまり植物や動物などの存在が意識される環境は自然環境であるとみなしているわけです。また，砂漠や海や湖，河川のような人工物の存在が比較的少ない環境も自然環境に含まれます。

　環境心理学における自然環境の研究では，上の定義による自然環境の景観評価がよく行われています。どのような要素や構成が好まれる，あるいは美しい自然なのかを明らかにし，さらにはそうした好ましい自然環境をどのように創り出すかを考える研究です。自然環境の景観は人工環境の景観よりも好まれる傾向にありますが，その理由についての研究もたくさんあります。また，自然環境には人の心の疲れやストレスによるダメージを回復する効果があることが主張されており，そうした自然環境による回復，あるいは癒やしの効果に関する研究も近年盛んに行われています。

2．人間と環境の関わり方に関する研究

　ところで，環境心理学は人間と環境の両方を主役とする心理学なのでこのように環境の性質や機能で分類するだけではなく，この両者の関わり方によって研究テーマを分類することもできます。この分類では，次のような分け方ができます。

　　①環境に対する人間の反応
　　②環境の中での行動や環境に関わる行動
　　③環境の利用法
　　④環境の査定

　詳しくみていきましょう。

(1) 環境に対する人間の反応

　まず，環境の中にいる人間が，まわりの環境に反応するという関わり方について考えてみましょう。そこでは特定の環境の中で人間が，受け身の立場で，どのように環境を処理しているかを扱う研究が行われますが，そこには環境を情報の源とみなし，どのようにそうした環

境情報を処理し，利用しているかを研究する「環境認知」という研究テーマと，環境に対してどのような感情的な反応をするかを研究する「環境評価」という研究テーマが含まれます。

（2）環境の中での行動や環境に関わる行動

　環境認知研究においては，主に環境の構造と内容をどのように知り，記憶し，それを用いて行動するのかも研究されています。記憶された環境は，頭の中にある地図といえることから，認知地図と呼ばれ，長い間，環境認知研究の中心的テーマになってきました。認知地図の研究からは，「どんな構造の都市が迷いにくいか」や，「初めてその土地に来た人が，どのようにその土地の環境を理解していくか」など明らかにされます。また，認知地図は環境ごとにあるわけですが，そうした認知地図の中の共通部分から，典型的な環境の構造を抽出し，それを行動に役立てられることもわかっています。たとえば，街中で公共のトイレを探す場合に，たとえ初めての街でも，駅前のコンビニを探したり，住宅地の公園を探したり，繁華街のデパートの２階に向かったりするのはこうした典型的環境構造の知識のためです。

（3）環境の利用法

　環境評価研究では，人がどのように環境に対して感情な反応をするかも研究されます。ここでの感情，あるいはより専門的な言葉では情動とは，「好き－嫌い」「快－不快」「美しい－醜い」「目が覚める－眠くなる」「安心－不安」などの反応のことを意味しています。どんな環境の外見，あるいはその場所のもつどんな意味がこうした反応を引き起こすかが盛んに研究されてきました。もちろん基本的には美しい環境は快感情を引き起こしますが，適度に目が覚めて，興味を惹かれるという要素も快不快や好き嫌いの反応と関係することが知られています。特に退屈なときには，単に美しい場所よりも，何か刺激がある場所に行きたくなるということから，このことはよく理解できるでしょう。場所の持つ意味に関しては，個人的な経験が重要であり，たとえば，故郷や子どものころのまわりの風景はさまざまな強い感情を引き起こすことが多いことが明らかにされています。

　こういった環境に対する反応は，行動に結びつくこともよくありま

す。そうした行動が，「環境の中での行動や環境に関わる行動」とい
う研究テーマということになります。たとえば，認知地図は，目的地
に向かうためにどの道を選ぶかの情報を与えます。好ましい場所には
惹きつけられ，長くいたいと思うけれども，嫌な場所や不安な場所か
らは一刻も早く立ち去りたいと感じることでしょう。また近年では，
地震や津波などの大規模な災害時の避難行動なども大きな注目を集
めています。また，こうした一般的な行動のほかに，地球にやさしい
行動や犯罪者の空間行動も環境心理学の重要なテーマになっていま
す。なぜ地球環境に対して害をなす行動が生じてしまうのか，また，
そうした行動を止めさせ，地球にやさしい行動，専門的にいえば環境
配慮行動を促すかというような現代社会の緊急の課題に対して，真剣
な検討が行われています。そして，こうした地球にやさしい行動は，
一般市民が行うだけでは不十分であり，製造販売者やサービス提供者
も同時に行うことが必要であり，そのためには個人の意識や態度だけ
ではなく，制度や法などの社会の仕組みに関しても考えることが必要
であるという認識が生まれつつあります。

　犯罪者の空間行動に関することとして，犯罪者がどのように犯行地
点を決定するかにも関心が向けられています。自宅付近ではばれやす
いので，犯罪者はある程度，自宅から移動して犯行を行う傾向が高い

犯罪に関するテーマと環境心理学

　本文での分類には含みにくいのです
が，犯罪に関係するテーマも環境心理
学においては重要な研究です。すでに
「環境の中での行動と環境に関わる行
動」の中で紹介した地理的プロファイ
リングも，犯罪に関わるテーマとして
考えることができます。そのほか，建
物や敷地の設計やデザインの工夫によ
り防犯性を高める方法である「防犯環
境設計」に関する研究も盛んに行われ
ています。防犯環境設計は英語で
Crime Prevention Through Environmental
Design であり，略して CPTED と発音
されます。CPTED においては，単に，
新型の電子錠を用いたり，防犯ガラス
を用いたり，監視カメラを設置したり
というような装置を用いて防犯性を高
めるだけではなく，誰かの敷地と感じ
られるので見とがめられやすいと感じ
る，あるいは死角がないのでまわりか
ら見られていそうと感じるなど，犯罪
者の不安を高めて侵入をためらわせる
ような心理的な防犯効果を生み出す方
法が数多く考案されています。

のですが，しかし，どの程度離れるのでしょうか。また，何度も犯罪を行う場合には，同じ付近を選ぶのか，あえてばらばらの場所を選ぶのでしょうか。こうした犯罪者の犯行現場を決める空間行動を研究し，そこから未逮捕の犯罪者の行動を予測するのが「地理的プロファイリング」と呼ばれる犯罪捜査を支援する技術です。現在の形のものは30年ほど前から英米で使われてきましたが，近年に日本にも急速に導入が進められており，研究も盛んになってきました。

　ここでの「環境の利用法」とは，環境に何か手を加えたり，空間をうまく利用して，自己を表現したり，他者との関係を調整することです。社会心理学でも扱われるテーマですが，環境心理学の重要なテーマでもあります。たとえば，家全体を飾るクリスマスのデコレーションにはどんな意味が隠されているのでしょうか。もちろん，美しい飾りつけで自他を楽しませたいという気持ちはあるでしょう。しかし，同時に自己のセンスや能力を示し，自己を表現したい，という気持ちもあるでしょう。また，誰かと会っている際の自分と相手の距離は，近くなったり遠くなったりします。親しい人とは触れ合えるような距離に近づき，初対面の相手や商売相手とはけっこう広い距離をとるのです。この距離はパーソナルスペースといわれます。ここには，親しい相手とは接触を伴うコミュニケーションをとることは望ましいけれども，あまり親しくない相手とは接触しないほうがいい，特に攻撃や望まない触れ合いを避けたほうがいいという理由があるのですが，この理由が直接意識されるわけではなく，相手との距離が適切ではない場合には，居心地の悪さや不快を感じることで，調整は無意識に行わ

無意識に調整されるパーソナルスペース

れます。このように，人が環境や空間を利用する方法やその機能を研究します。

（4）環境の査定

「環境の査定」というのは，特に環境に注目した研究テーマです。すでに述べた「環境に対する人間の反応」としての環境評価では，一人ひとりの人間に注目が置かれていましたが，「環境の査定」がテーマの研究では，個人とは関係なく，かなり客観的にそれぞれの環境がどのくらいよいか，悪いかを評定します。つまり，各環境の成績を決める研究です。環境心理学の歴史の説明の中でもあったように，環境心理学が成立した理由の1つは，施設環境に対する不満の解決が求められたことでした。そうした問題解決のために現実の環境の状態を査定することが必要とされました。したがって，環境査定という研究テーマは初期の環境心理学最も重要なテーマの1つでした。特にＰＯＥという方法が有名です。これはPost-Occupancy Evaluationの略語で，「占有後査定」という意味になります。占有後というのは，利用者に使用され始めたあとでという意味なのですが，この言葉は建築物，あるいは広く人工環境は設計段階では深く検討されるものの，実際にどのように使用されているかを確かめることがおろそかにされているという状況を反映しています。人間，特に利用者の視点を重視するPOEの立場は，環境心理学の理念をよく示すものです。

3節　環境心理学の研究法の特徴

1．基礎心理学と応用心理学

心理学の研究領域は，「基礎心理学」と「応用心理学」に分類されることがあります。「基礎心理学」とは一般的な原理を明らかにしたり，理論やモデルを作り上げたりすることを目的とする研究領域であるとされます。一方，「応用心理学」は，基礎心理学の研究により明らかにされた原理や理論，モデルなどの知見を用いて現実にある問題の解決を目指す実践領域であるとされます。各心理学の代表を表1-1と表1-2にまとめました。この分類では，先ほど紹介した学生に人気の高い臨床心理学や犯罪心理学は，応用心理学です。

▼表 1-1　代表的な基礎心理学とその内容

基礎心理学	内容
感覚・知覚心理学	外界から刺激をどのように受け取るかを研究する
認知心理学	心理過程を情報処理とみなす
生理心理学	心理と行動の生物学的，生理的機能と原理を研究する
パーソナリティ心理学	性格や知能を研究する
発達心理学	生涯にわたる成長と変化を研究する
学習心理学	行動がどのように獲得され，変化するかを研究する
社会心理学	対人的な視点と集団の視点から人間を考える

▼表 1-2　代表的な応用心理学とその内容

応用心理学	内容
臨床心理学	悩みや問題を抱えた人を援助する方法を考える
犯罪心理学	犯罪行為をする場合の人間の心のあり方，働きについて研究する
教育心理学	学習と学校に関して研究する
産業・組織心理学	心理という視点から幅広く経済と生産，経営と労働活動を扱う
交通心理学	移動行動と経路に関する人間の要素を研究する
健康心理学	性格，価値観などの個人的な要因だけでなく，会社，学校、地域社会など集団からも影響を受ける身体的健康について研究する
スポーツ心理学	スポーツをする人の技術を効果的に向上させ，能力を最大限に引き出す方法を研究する
音楽心理学	心理学的方法と理論によって音楽現象を究明する

　そして，環境心理学は多くの場合，応用心理学に分類されます。

2．環境心理学は応用心理学なのか？

　しかし，こうした応用心理学の研究領域が，研究ではなく基礎心理学の知見を応用して現実の問題の解決だけをしているわけではありません。そこには 2 つの大きな理由があります。

　1 つめの理由は，その問題に応用できるような基礎心理学の原理や理論，モデルなどの知見が，常にあるとは限らないからです。むしろ，

応用可能な知見がないことのほうが多いかもしれません。その場合には，応用心理学の領域で，原理や理論，モデルなどを目的とした基礎的研究も行うことになります。２つめの理由は，基礎的知見がどのように応用ができるかという，応用の方法自体を研究する必要があるからです。心理学の原理や理論，モデルは当てはまる範囲が限定されていることがほとんどです。したがって，現実の問題ごとにその問題解決に応用できるかどうかを研究する必要があるのです。

　このような理由から，応用心理学といわれる領域でも，その活動のかなり多くは基礎的な研究です。そして，問題解決の中で，基礎的知見がどの対象に，どのくらい確実に適用できるかが明らかにされたり，また，問題解決の実践の中から新しい基礎的な知見が得られることも多いのです。したがって，応用心理学と呼ばれる領域では，基礎的研究と応用的実践活動は別々のものではなく，両方の活動はお互いを支え合うものであり，お互いを刺激し，進めていくものなのです。

　このように基礎的研究と応用的な問題解決の実践の両方が含まれている環境心理学の研究法の特徴は，現実の環境という状況を重視することにあるでしょう。つまり，環境というものを抽象化しすぎずに，ありのままの環境を研究の対象に含めるということです。そして，そうした現実の環境とそこで活動する人間を研究するということです。言い換えれば，現実の環境という「文脈」において人間の心理を研究するということです。このことは「生態学的妥当性」と呼ばれることがあり，つまり環境心理学は生態学的妥当性を重視するということになります。

3. 環境心理学における研究方法

　実際の環境心理学の研究を進める際には，実験，質問紙調査，観察など心理学におけるあらゆる方法が使われます。そして，実験においては，実験参加者に反応や回答を求めるための刺激や何を行うかの状況を抽象化した，厳密に統制されたと呼ばれる実験よりも，統制の程度はやや低いが，現実に存在する刺激や状況を用いる生態学的妥当性が高い実験がよく行われます。たとえば，一般的な心理学の実験では文字や数字，あるいは記号などの内容が限られた抽象度が高い刺激が用いられることが多いのですが，環境心理学の実験では実際の景観

や建物の外観など多くの内容が含まれた具体的な刺激が用いられることが多いです。

　高度な統制が可能な実験室内での実験ではなく，統制は難しいけれども，そのまま現実を反映する，フィールド実験と呼ばれる現地での実験が行われることもあります。たとえば自然の癒やし，回復効果を確かめるために，実際に森の中と都会の街角に実験参加者を招き，回復の程度を比較するような実験が行われることがあります。また，環境のどんな特徴が犯罪に対する不安を引き起こすかどうかを調べるために，街や建物の中を実験参加者と移動しながら，インタビューをしたり，質問紙調査をしたりすることもあります。

　また，環境心理学の活動としては，研究と問題解決実践が組み合わさった取り組みがなされることもよくあります。たとえば，何かの問題解決や改善の取り組みをしている役所，学校，NPO（特定の問題意識をもち，問題解決のために活動する非営利法人），あるいは町会組織のような組織と共同で，市民や住人，利用者，所有者・権利者などの関係者や当事者の意見聴取や意識調査を行い，その結果に基づき方針の合意形成を行うような活動は，研究と実践が結びついた活動といえます。また，こうした活動プロセス全体を評価することで，特定の問題解決のための標準的なプロセス開発の研究にもなっています。

　こうした研究と実践が組み合わさった活動では，問題解決法の評価をするために社会実験が行われることもあります。社会実験とは，新しい問題解決の手段や技術が有効かどうかを確かめるために，永続的に広い範囲で大々的に実行する前に，期間や場所を限定して小規模に実施してみることです。

　このようにして有効性が示された手段や技術だけを実行していくという考えは，「根拠に基づく（evidence based）」といわれるもので，慣習や理念，価値観によって決められてきたこれまでの方法を見直そうというものです。すでにPOEに関して説明した「利用者の視点の重視」と，この「根拠に基づく」という考えは，最も重要な環境心理学の理念であり，環境心理学のすべての研究や活動において意識されているものです。

4節　環境心理学の展望

　近年の環境心理学において，環境認知や環境評価，空間行動，あるいはパーソナルスペースのような環境の利用といった基礎的な研究は今までどおり行われていますが，より現実の問題に近い実践的な研究は以前にも増して，急速に盛んになってきました。そうした実践的研究のキーワードとして，次の6つをあげることができます。

　　　①「環境配慮行動」　　②「地球温暖化」　　　③「高齢者」
　　　④「コミュニティ」　　⑤「犯罪と犯罪不安」　⑥「癒やし」

　これらを簡単に紹介して，この章を締めくくりたいと思います。

①「環境配慮行動」

　環境配慮行動は，これまでも環境心理学において盛んに研究されてきたテーマです。しかし，その多くは市民の省エネ行動とリサイクル活動に関するものであり，特に，地球上における資源量が限られている石油のような化石燃料の消費を抑えるための研究でした。しかし，一定の省エネ行動とリサイクル行動が社会に根付き，また必要な社会制度の制定と技術の進歩によって，化石燃料枯渇の問題の緊急性はやや低くなっています。しかし，楽観視できるわけではなく，これからも研究が進められていく必要があります。

②「地球温暖化」

　環境配慮行動に加え，ここ20年ほどで緊急性を増した地球環境問題は，地球温暖化による気象変動です。地球温暖化による気温の上昇は，海面上昇による土地の水没や，新しい病気の発生など非常に深刻な問題を引き起こすことが予想されています。そのため，地球温暖化の原因とされる二酸化炭素の放出を減少させるため市民の行動や意識の環境心理学の研究が現在では盛んにされており，今後もそうした研究は増加することでしょう。

③「高齢者」

　この問題も，急速な高齢化が進む現在，深刻な社会問題の1つです。環境心理学では，特に高齢者の住居の問題が検討されています。自宅において，安全に快適に暮らすためのデザイン上の工夫や配慮も研究

されていますが，特別な介護が必要な高齢者のための施設を含めさま
ざまな高齢者施設に関する研究も非常に盛んに行われてきました。日
本における高齢者人口の増加は今後も進むため，高齢者のための環境
心理学の研究はますます必要になるでしょう。

④「コミュニティ」

　今，このテーマが注目されている理由の1つは，社会構造が変化
しているからでしょう。近代，特に戦後の核家族化は生活や人生の保
障の担い手を，大家族や親族という互助から会社や国家という公助へ
の変更へと進めました。しかし，終身雇用制度が揺らぎ，また財政的
な理由から国家による生活保障が危ぶまれるようになった近年，新し
い形の互助組織としてのコミュニティが注目されています。環境心理
学では特に，コミュニティレベルへの生活環境への満足度や愛着に関
する研究が盛んに行われています。また，防犯性を高める試みとして，
個別の家屋の防犯性を高めるのではなく，コミュニティ全体のデザイ
ンを工夫する試みも始まっています。たとえば，建物の配置やデザイ
ンを配慮して視線の確保を行い，相互に見守るような工夫が試みられ
ています。また，落ちているゴミをなくしたり，落書きを消したりす
るようして，コミュニティ全体をよく管理することで，犯罪者が近寄
りがたい環境を作り上げようとするような試みも始まっています。

⑤「犯罪と犯罪不安」

　上記で述べたコミュニティを活用した防犯対策以外に，犯罪に遭っ
てしまうことを不安に感じる犯罪不安も現在の大きな社会問題です。
コミュニティレベルでの防犯対策は，犯罪不安も軽減することが期待
されているのです。

⑥「癒やし」

　癒やしは環境心理学に限らず，現代社会の重要なキーワードの1つ
です。それは，現代社会の忙しさ，競争の激しさに立ち向かうために
生じる疲労やストレスを多くの現代人が抱えているということにもよ
るのでしょうが，同時に，単に回復を求めるだけではなく，生活に精
神的な潤いやゆとりを取り入れたいという価値観の広がりにもよるも
のであります。つまり，物理的な消費ではなく，精神の豊かさを求め
るという価値観が，癒やしというキーワードに強く関連しているので
す。環境心理学では主に，身体的，あるいは精神的な疲労やストレス

からの回復が促される癒やしの環境に関する研究が進められています。癒やしの環境としては特に自然環境に対する関心が高く，森林セラピー・森林療法や森林浴のような，植物が豊富な場所における心身への恩恵に関する研究が精力的に進められています。しかし，人工環境が回復環境にならないわけではありません。近年注目を集めている，自宅，職場と並ぶ第3の拠点である「サードプレイス」(Oldenburg, 1991) なども，癒やしの環境としての意味をもちます。また，カフェや水族館などの商業施設にも，癒やしの環境としての機能を意識したものが現れ始めています。癒やしの環境研究は，自然環境と人工環境の両面において今後ますます盛んになることが期待されています。

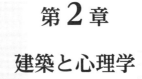

第2章

建築と心理学

活かせる分野

　建築と心理学はどのように関係しているのでしょうか。一般的に建築は，「ビルや住宅を建てるために設計したり，建て（施工し）たりすることであって，心理学と特に関係することはない」。そのように考えている人は少なくないかと思います。実際のところ，建築に対して特別な関心を抱いていなかった，研究活動を始める以前の筆者自身もそのように考えて，建築と心理学の関係性をイメージできていませんでした。この章では，建築および都市空間を対象とする環境心理学研究の知見を主に紹介し，なぜ心理学が必要とされるのか感じ取ってもらいたいと思います。

1節　はじめに

1. 建築と心理学の関係

　ちょっと考えてみてほしい質問がいくつかあります。まず，1つめです。

> Q　冒頭で，「設計したり，施工したり」と述べました。ビルや住宅などを建てるには何が必要とされるでしょうか。

答えは「設計図」です。心理学実験を実施するにあたって、実験データを抽出する方法の選定や手続きの決定、教示文の準備が求められるのと似ています。それでは、次の質問です。

　Q　設計図を作成するためには何が必要でしょうか。

　建物の施工や整備に際しては、「構造」や「設備」が欠かせませんが、第一に「計画」が求められます。具体的には、建築する建物の用途や周辺環境などだけでなく、そこに関わる人間を含めてよりよい環境を構築するため、求められる要素についてとことん考えるのです。多様な要求にこたえられる建物を実現すべく、計画に努めます。
　続いて、次の質問です。

　Q　日々の生活、たとえば「昨日の行動」を思い出してみてください。
　　　朝、起床した環境はどのようでしたか。講義を受けたり、昼食
　　　をとった場所はどこでしたか。放課後、勉強したり、友達との
　　　会話などを楽しんだ空間は屋外でしたか。

　おそらく、多くの時間を建築空間内で過ごしていたのではないでしょうか。屋外で過ごしていた時間にしても、建物が目に入らなかった時間はわずかだったかと思います。スマートフォンやパソコン、テレビに接する時間が長くなることが人間の生活にどのような影響を及ぼすのかを検討することと同じように、いや、それ以上に、建物や空間について研究することは人間にとって大切なことなのです。
　繰り返しになりますが、現代の人間にとって、建築というのは非常に身近で当たり前な存在です。それゆえ、高校生向けの講演会などで「歩行者向け信号機の青と赤の配置」を尋ねても、自信をもって回答できる人が稀なように、多くの人は日常的に接している身近な建築に対して大きな注意を向けておらず、高い関心をもっていないといえます。ある日、通学路の建物が取り壊されて更地となったとしても、よほどのことがない限り、どのような建物があったのか思い出しながら描くことはできないでしょう。もしかしたら、建物の壁の色でさえ、正しく答えられないかもしれません。また、生まれ育った住宅にしても、部屋の広さや天井の高さを正確に回答することは困難なものです。

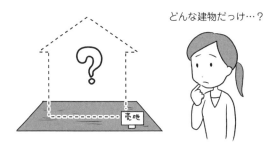

2.「物理的環境」と「心理的環境」

　人間がどのように感じようとも，普遍的に存在する環境として「物理的環境」という用語があります。その一方で，人間が経験を通じてイメージとして作り上げる「心理的環境」があります。建築というと「物理的環境」がしっかりしていれば十分であると思われるかもしれませんが，人間が人間らしく，心地よい生活を送るためには「心理的環境」の理解が欠かせません。実際のところ，これまでの心理学研究には，特定の建築空間，多様な空間で生じる行動を対象とする事例は数多くあります。また，建築計画学研究においても，人間の心理に関わる知見は少なくありません。

2節　日常空間の認知

　先述した「歩行者向け信号機の青と赤の配置」ですが，確固たるイメージを想起できたでしょうか。また，「自動車向け信号機の３色配置」についてはいかがでしたでしょうか。中央の黄は問題なく想起できたかと思いますが，赤と青のどちらが右（もしくは左）でしたでしょうか。少なくとも１０年以上もの間，日常的に目にして，重要な情報としてとらえている対象であっても，そのデザインを正確に記憶できていないことはめずらしくありません。たとえば，自宅の玄関や自室の扉がどのようなのか，注意深く確認する機会の少なくない「鍵穴の形

状」でさえ，なかなか描くことはできないのではないでしょうか。

1. 散歩コースのベンチは少ない？

　外出した際，公共空間（広場や歩道など）に設置されたベンチを利用した経験はあるかと思います。幼い子どもを連れているお父さんお母さん，高齢者であれば，ちょっとした買い物の途中や散歩時などに利用する頻度の高いストリートファニチャーの１つです。自宅であったり，その周辺といった比較的狭い領域が生活の中心となる人にとって，近隣環境の充実は重要です。一般的に，外出意欲の保持および外出行動の継続が，高齢者の体力や精神的健康の維持に寄与するといわれており，その点は幼児についても同様と考えられます。そのため，公共空間にベンチ（休息できる場所）は整備されているのですが，設置数が多くても，充足されていると感じられない事例があります。

　10 年ほど前になりますが，長野市街地を対象に，次のような高齢者の座りスペースに関する研究（柳瀬・服部，2006）に取り組みました。

【高齢者の座りスペースに関する研究】
　まず最初に，高齢者の外出行動とベンチ利用についてアンケート調査を行い，外出頻度などに加えて，外出先で不便に感じている要素を把握しました。さらにデータを分析し，「座る場所がない」といった意見が多い一方で，ベンチの利用については「たまに利用する・あまり利用しない・全く利用しない」との回答が８割を超えるという矛盾を見いだしました。これについて，高齢者が座りたいと感じられる位置にベンチが設置されていないためと仮説を立てて，市街地の歩道に３つの条件でベンチを設置し（図 2-1），大学生と高齢者に「（実験 1）それぞれのベンチを少し離れた場所から見ての印象」と「（実験 2）それぞれのベンチに座っての印象」を評価してもらう現場実験を行いました。

　その結果，実験 1 については BR の評価がともに高く，次いで RB，RR（図 2-2）となりました。RB は学生よりも高齢者による評価が低く，車道側を好ましく思わない傾向がみられました。実験 2 においても傾向は同様でしたが，高齢者の RB に対する評価について BR との有

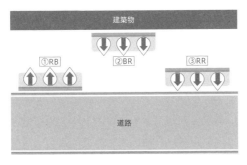

▲図 2-1　ベンチの設置条件

▲図 2-2　沿道に道路向きに配置された
ベンチ（RR 条件）の実例

意差がみられなくなりました。実際に利用したことで，利用に支障が
ないと感じられたものと考察されました。

2．座りたいと思わないベンチはベンチでない

　行動には，事前（着座前）の印象が比較的強い影響を及ぼすと考え
られるため，実験 1 の結果に重きをおいて計画する必要があります。
座りたいと思わないベンチにあえて座る人は稀でしょうし，そもそも
そのようなベンチはベンチでなく，認知されない環境要素や単なるオ
ブジェと化してしまうと推察されます。

　研究結果では，世代によって，同じベンチであっても設置条件に応
じて評価が異なっていました。これは当たり前なことですが，物理的

な充足を念頭に置いた整備はめずらしくないと思われ，身近でも同様な問題は確認できるかと思います。通学しているキャンパスや散策する機会の多い街の地図などに，ベンチが設置されている場所を思い出しながら描き込んで，実際と比較してみてください。また，あなたにとって座りやすいベンチは，どのような位置に，どのような向きで置かれているか，材質は何か，その他どのような条件を有するものであるか，考えてみてください。そして，その条件が家族や友達とどれほど一致するものか，確認されることをおすすめします。日常空間について考える際など，よいヒントになるかと思います。

3 節　人間の視野

　歩きスマホの危険性については，複数のメディアを通じて伝えられていますが，多くの人が画面を見ながら歩けてしまうだけに，行動を変えられない傾向が継続しています。最近では，目的地までの地図をスマートフォンに表示させて，その情報を注視しつつ歩行移動する人を目にしない日がめずらしいほどです。

　それでは，実際に「スマートフォンに表示される文字を見たまま，周辺に何が見えるのか」を確認してみてください。眼球を動かしてはいけません。いかがでしょうか。案外多くのモノが見えるかと思いますが，隣の人の衣服のデザインであったり，看板の文字であったり，路面の模様を認識することはできるでしょうか。もしくは，カッコ内の星印（★）を注視したまま，1 行もしくは 2 行離れた文字や文章を読み上げることは可能でしょうか。おそらく，文字は見えても読み上げられない人が大半かと思いますが，それで問題ありません。

　人間の眼球に存在する網膜細胞には，錐体細胞と桿体細胞の 2 種類が分布（図 2-3）していて，前者は色やカタチを，後者は明暗や変化を感じ取ることに長けています。詳細については他の巻を参照していただくとして，留意しておいていただきたいのは「中心視野の範囲は上下左右に 2 度程度，その他の範囲は周辺視野といって，対象の色であったり，カタチをとらえるには不適な範囲」となっている点です。

　また，上記の細胞いずれもが存在しない箇所（盲点）が存在するた

め，片目を閉じて環境をとらえる条件下では「見えない領域」が必ず生じるのですが，その領域を容易に自覚できる人はいません。図2-4のような用紙を用意して，特定の条件を満たすことで認識できるようなります。さらに，図2-5を用いて，視覚情報の処理における不思議を確認してみてください。

視野の範囲によって見えている空間は異なって知覚されているわけですが，人間自身にとって3つの空間軸は異なる意味（価値）をもっています。左右に関しては対称性を示す事例が少なくないですが，前

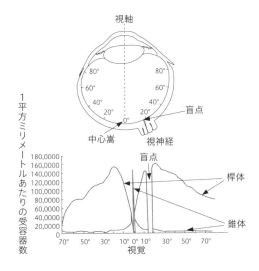

▲図2-3　錐体細胞と桿体細胞の分布胞の分布

▲図2-4　右目の盲点を確認

左目を閉じ，右目で＋を見て，紙面と目の間隔を変えると●が消える。

▲図 2-5　視覚情報の処理における不思議

図 2-4 と同じように盲点を確認すると，●が消えて，線分はどのように見える？

後および上下に関しては異なる特性が示されるものです。たとえば，校舎などの 2 階から地上を見下ろした際の距離は通常 4 〜 5m 程度ですが，同じレベルで向かい合った際の距離とは同等に感じられません。また，左右の判断を誤る人はいても，前後や上下で誤りが生じることはまずありません。そのような空間の異方性に関わる知見もふまえて，地図やサインの計画は進められてきています。

4 節　都市環境における人間

1. 環境と「ひと」の存在

　人間は長らく，自分たちにとって好ましい，もしくは快適と感じられる環境を構築し続けています。その 1 つが，ある一定数以上の人間が寄り集まって構成される「まち」であり，それが集積して進化し続けている最たる存在が「都市」といえます。それらの区分にあたっては，規模，密度，多様性などの側面が用いられることが多いのですが，一般的に「まち」とされる環境に必要な要素は何でしょう。

　図 2-6 の写真は筆者が住んでいる長野市街地（長野駅前）を撮影したものです。ここには当然のことながら，数多くの環境構成要素が写っているのですが，何がなくなると「まち」でなくなるでしょうか。それは「ひと (人間)」です。建築についても同様なことがいえますが，「ひと」の存在なくして「まち」は成立しませんし，そのように認識されないものです。ゴーストタウンという言葉があるように，「ひと」の

▲図 2-6　長野市街地（長野駅前）

存在が失われた環境は「まち」ではなく「廃墟」となります。住宅に関して，日本語では「ひと」の存在に応じて使い分けられる機会は少ないかと感じられますが，英語だとハウスとホームで区分されています。ハウスは物理的な空間である建物そのもののカタチや広さを主に，ホームはその空間での人間的営みであったり，それによって生じた記憶などによって色づけされた建物を主に意味します。環境心理学では，「ひと」の関わりに応じて変化する環境を研究対象としています。

　それでは，どれほどの「ひと」が存在すると「まち」となるのでしょうか。実は，都市の定義に世界共通な確固たる基準がないのと同様に，「まち」についても絶対的な指標はありません。乱暴にいってしまえば，誰かが「まち」と認識してしまえば，それを否定もできないわけです。しかしながら，そこに「ひと」の存在がない場合は想定できないのではないでしょうか。その一方で，「ひと」が存在するだけで「まち」は成立するのか，という疑問が生じるかと思います。それについては，行動セッティングの数が 1 つの指標として指摘されています。

2．行動セッティング

　グラウンドで何人かの子供がサッカーをしている場面，教室で教師が学生に講義をしている場面，食堂で店主が客に食事を提供している場面。そのような場面それぞれが行動セッティングであり，国や地域によって種類の多少は異なります。

　教室や食堂でのサッカー，グラウンドでの講義といった場面は，環

境と行動が結びつきづらいかもしれませんが，グラウンドや教室での食事はそうでもないでしょう。

このように，同一な空間であっても，人間の世代や人数，行為や天候などとの組み合わせによって特定の行動が発生する確率は変化します。また，空間のデザインによって行動が制限されたり，統制される場合もあります。

学校における生活の観察に基づいて，行動セッティングを検討した研究（Barker & Gump, 1964）によると，「利用可能な行動セッティングの数」と「行動セッティングに関われる人数」が，学校を構成する重要な要因となると指摘されています。活動およびその多様性が維持されるためには，前者と後者のバランスが重要であり，一定の比率（critical mass）を上回ることが求められます。たとえば，サッカーの試合を組むためには25人（味方と相手それぞれ11人と審判3人）が必要ですが，人口1,000人では1/40，人口10,000人では1/400で実施可能となります。言うまでもなく，後者のほうが容易に実施でき，活動を持続させられるだけでなく，サッカー教室を開催したり，スタジアムを建設したり，活動を発展させられるでしょう。それでは，人口を増やして，都市化することが人間にとって望ましいことなのでしょうか。

3. 他者の存在

都市計画家のホワイト*（William H. Whyte）による「歩道幅1フィートあたりに対して1分間に7人までの通過が雑踏として好まれる。(Up to seven people per foot of walkway a minute is a nice bustle.)」という言葉があるように，他者の存在は，人間の環境に欠かせない要素であり，一定レベルに保たれている点が重要であるといえます。

他者の存在は，どのような影響を人間にもらたすのでしょうか。環境心理学では，以下のテーマに関わる研究を通じて，さまざまな考察が行われており，建築空間をデザインするうえでも重要な資料となっています。

---

* http://www.pps.org/reference/wwhyte/（2016年11月時点）

パーソナルスペース：自分自身（主体）を中心に一定の広がりをもつ
　空間であり，その境界は目に見えない。周辺環境や場の状況，主体
　の性格や心身の状態，世代や人間関係などに応じて伸縮し，見知ら
　ぬ他者の侵入に対しては，回避行動をとるのが一般的。

クラウディング：主に公共空間における混雑によって，行動を阻害・
　制限される，パーソナルスペースが重なる，プライバシーを確保で
　きないといった状況下においてストレスを感じる主観的な経験。例
　えば，昼休み後の講義の有無に応じて，食堂の混雑に対するストレ
　スは個々で異なる。

テリトリアリティ：物理的に境界が明確な一定の広がりをもつ空間（な
　わばり）であり，主体が存在することで強固な存在となる。個人が
　同時に複数保有したり，複数人で特定の空間を共有でき，社会的
　交流に活用される。

プライバシー：一般的には他人を遠ざけることで自分を守るイメージ
　があると思われるが，「自分に関わる情報が，どういう状況で他者に
　伝えられるかを自分で決められる権利」を意味する。円滑なコミュ
　ニケーションやアイデンティティの確立，感情の開放などに欠かせ
　ない。

　「パーソナルスペース」は視覚的に知覚できませんが，常に個々人
のまわりに存在するため，歩行方向や座席選択など，人間の行動を連
続的に決定づける特徴をもっています。また，「クラウディング」は，
パーソナルスペース，テリトリアリティ，プライバシーが相まって感
じ取られるものですが，混雑が必ずしも不快を生じさせるとは限りま
せん。汗だくになって大音量の音楽や他者に身体を委ねて大声をあげ
られる狭苦しいライブハウスや祭りの現場が快と感じられる一方で，
自分自身の空間が確保され安心できる環境条件下であっても，試験会
場や映画館などで自分の行動が制限されたり，他者が気になるような
場合には，視覚的な密度とは乖離したストレスが生じるものです。

　環境心理学研究では，自分以外の人間（他者の存在）を環境に含め
て検討しています。環境をデザインする際には，建物や植栽の配置，
道路の幅員や街灯の間隔のような物理的な要素への意識が高い傾向が
みられますが，多くの環境には人間の存在が欠かせないものです。多
様な環境と人間の行動に関わる知見は，今後ますます活用される資料

となっていくと思われます。

5節　夜間街路の歩行環境

1.　生活時間の夜型化と街路灯の整備

　商業施設の24時間営業が一般化するなど，ライフスタイルは多様化の一途をたどっています。生活時間の夜型化は子どもから高齢者にいたるまで，あらゆる世代で進行しており，国内においては，夜間に出歩いている人に性差が感じられることもなくなっています。このような生活環境が日常的であることは自由度の高さという点においてはすばらしいことといえますが，昼間の環境と同等な環境の構築には設備を充実させるだけでなく，臨機応変な配慮や工夫が求められます。そんな中で，歩行者を優先する歩行環境を再考し，物理的・心理的側面から改善が進められてきています。一例として，日本全国の自治体が進めている警察庁の「安全・安心まちづくり推進要綱」をふまえた街路灯の整備があげられます。

　暗い空間は不安な気持ちを引き起こすだけでなく，視界の悪さから障害物との接触や転倒を生じさせます。また，照明によって発生する明るい場所と暗い場所の境界付近ではひったくりなどの犯罪が発生する可能性が高く，街中における犯罪は昼間より夜間に多く発生するものです。それでは，人間にとって「明るい／暗い」空間とは，どのよ

街路灯があると安心

う条件を有するのでしょう。どのように照明が配置されていると「不安」が解消されて，歩くことに抵抗を感じなくなるのでしょうか。おおよその基準として，道路や公園，駐車場・駐輪場や公衆トイレでは水平面照度3ルクス以上が防犯基準なとして推奨されています。

　夜間の歩行において街路灯の果たす役割は大きく，前述した，歩行者の視野の確保や不安感の解消に欠かせません。加えて，ゴミなどの不法投棄防止や安全な交通環境の構築にも必要とされます。しかしながら，街路灯を画一的に増やすことは，周辺環境や地域住民への光害だけでなく，効果に見合わないコストやエネルギー消費を生じさせることになります。また，歴史的な町並みを中心に，地域にふさわしいと感じられ，景観的魅力を向上させるような照明環境の検討が進められています。整備に際しては，まちづくりの一環として，地域ニーズに応じた条件を計画的にクリアしていくことが求められます。

2. 望ましい照明条件とは？

　夜間街路の歩行環境を計画するにあたって，推奨されている照度の基準は先述したとおりですが，その基準が満たされている街路は多くありません。しかしながら，そのことで大きな問題が生じているかというとそうでもありませんし，基準を満たしているにもかかわらず，改善を必要とする場合もあります。街路灯は第1に，歩行を妨げる障害物などをある程度の余裕をもって確認できるといった条件を満たすことや，照度のムラを小さく抑えることが重要とされます。また，路面照度の確保には低い（路面に近い）位置への照明配置が効率的なのですが，光源が視野内に入ることで周辺が見づらくなる視機能低下グレアや，まぶしさによって生じる不快感（不快グレア）を防ぐように計画する必要があります*。現段階では，多様な歩行環境に適応させられる誰にもわかりやすく感じられる資料はないため，歩行者の安心・安全のための屋外公共照明基準（JIES-010）などを参照しつつ，各対象地区における試行錯誤に基づく整備が進められてきています。

---

* http://www.iwasaki.co.jp/info_lib/（2016年11月時点）

3．照明条件と夜間街路の印象に関わる実験

筆者ら（柳瀬・酒井，2006；酒井・柳瀬，2008）は，次のような手順で実験を行いました。

【住宅地の街路灯実験】

まず，住宅地の街路灯を遮光カーテンの生地で作ったカバーをかけて実験環境を整備しました（図2-7）。

そのうえで，自作した照明器具（図2-8）を街路にさまざまな条件で追加しました。

それから，合計100名ほどの実験協力者に歩行してもらい，心理的な評価（印象と認知距離）データを抽出しました。その際，隣接する自動車の通行量が比較的多い道路の歩道を対象に同じ手続きをとり，それらのデータを比較することで夜間街路における照明の効果について検討した結果，以下のような結論が得られました。

結果①：街路灯の設置間隔が50mを超えると（評価が下限に達し）夜間街路の印象に有意な差は生じなくなる。

結果②：街路灯の設置間隔が50mから40mに狭まる範囲を境にして「明るさ・明るさ均一度・路面が見える・街路灯の多さ」が，30mから20mに狭まる範囲を境にして「安心・好ましさ」の印象評価が大通りの歩道に対する値と同程度になる。

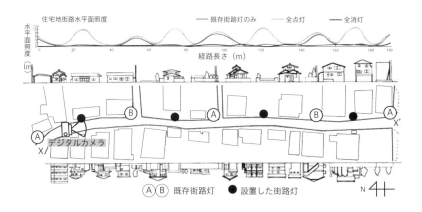

▲図2-7　照明環境を統制した実験対象地

結果③：照明環境の改善だけでは「安心・好ましさ」を向上させるのは，他の項目と比較して困難である。

結果④：街路灯の設置間隔が狭まるにつれて，歩行環境に対する印象評価は段階的に変化する。たとえば，「50m から 40m」および「30m から 20m」に狭まる際に有意に変化し，40m から 30m においては有意差が示されない。

結果⑤：街路灯の設置間隔による影響は，認知距離にも及ぶ。実験では，実際の歩行距離は同じにもかかわらず，歩行環境が明るく均質に保たれるほど，認知距離は短く評価される傾向が見られた。

　特定の地域を対象にした実験なので，他の地域でも同じ結果となるとは限りませんが，日本国内の同じような住宅地および交通環境であれば応用可能と思われます。また，追加して行った研究（高久・柳瀬, 2009）では，照明の色温度（昔ながらの電球は約 3000K, 蛍光灯は約 5000 〜 6500K です。電球のパッケージで確認してみましょう）についても検討を行い，色温度が低い照明のほうが「安心感」や「視

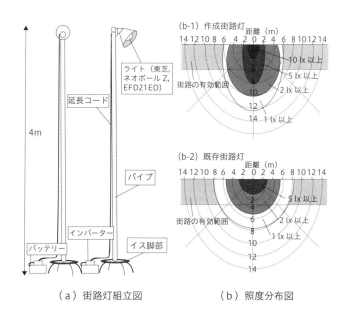

（a）街路灯組立図　　　　（b）照度分布図

▲図 2-8　自作した照明器具

▲図 2-9　輝度分布イメージの一例

「認性」を向上させることを見いだしました。したがって，街路灯の設置間隔だけでなく，街路灯の色温度も夜間街路の照明計画には大切な要素となることが示唆されました。最近では，輝度を測定する機器も身近な存在になってきており，照度の確保と同じレベルで検討されるようになると思われます（図 2-9）。

　ここで紹介した研究は，工学系の学会で数多く検討されていますが，心理学を含む学際的な研究でも扱われています。人間の心が環境情報に対してどのように反応するか，環境と行動の関係性を科学的に解明する学問である心理学は，多様な学問分野の研究をつなぐハブのような役割を担っているといえるかもしれません。

6 節　室空間における開口部のデザイン

　この本を読んでいる場所が室内であれば，まわりを見回すことで，屋外を望める開口部，そこに取り付けられた建具などを確認できるかと思います。これまでの日常生活において気にしたことはなかった人が多いと推測されますが，原則として，居室には 2 種類の窓，外光をとりこむ（採光）窓と換気を確保する窓を設置しなければなりません。建築基準法にて，それらの大きさは居室の床面積に対する割合で定められており，どのように配置するか，それらの機能をどのように調整するのか，どのようにデザインするかは設計者によって決定されます。

開口部は，採光や出入りの利便性，外観もしくは内観のイメージを直接的に左右する要素としてデザインされていると思われがちですが，居室を計画するうえで，建物内部の室空間をいかに外界と接続するか，反対に独立して存在させるか，その強度のコントロールを念頭においてデザインされているものでもあります。また，空間の境界を顕在化させる役割を担っている側面もあり，「人間関係を仕切るものであるとともに，空間に与えられた機能性を振り分ける装置となっている」（柏木，2004）という指摘があるように，内部空間を特徴づける要素となっています。なお，欧米における仕切りはテリトリーだけでなく，パーソナルスペースの拡がりを断ち切る機能を主とする傾向にある一方で，日本では人や物の気配を伝達させる曖昧な機能性を伝統としている点が特徴としてあげられます。

1. 仕切り建具の可能性

　日本の代表的な仕切り建具としては，襖^{ふすま}や障子^{しょうじ}があげられます。古来，障子とは細かい木製の格子を骨組みとして，その両面に布もしくは紙を貼り，衝立式に台脚の上に立てたものでした。その後，柱と柱の間に板をはめ込み固定した樹板障子が，雨の当たる部分に腰板を挿入した腰付障子が現れました。その後も，仕上げ材料などは移り変わり，同時に障子が設置される室空間も多様化してきました。フローリングの普及，カーテンやガラスの技術的進化によって，障子が敬遠される傾向もみられます。その一方で，和モダンといわれるような空間が広まるにつれ，前例のない室空間に障子が用いられる事例が増えつつあります。柳瀬・原（2012）では，心理学的実験手法を用いて，組子割が障子の印象をどのように変化させるのか分析し，室空間の諸条件に応じた組子割デザインについて検討しました。

2. 洋間に合う障子の組子割

　歴史的建造物とされるほどでなくても，少し古い建物では，異なる特徴を有する室空間に組子割が同一な障子を設置している事例は稀^{まれ}かと思います。一軒の建物であっても部屋の広さや用途などに応じて，異なる組子割が採用されているものです。研究では多様な室空間でなく，同一空間（八畳間の和室）にて8パターンの組子割（図2-10）

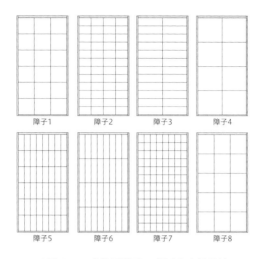

障子1　　　　障子2　　　　障子3　　　　障子4

障子5　　　　障子6　　　　障子7　　　　障子8

▲図 2-10　実験用障子にて設定した組子割

を実験協力者に体験してもらい，それに対する印象評価データを収集・分析することで組子割と室空間の相互作用について検討しました。

　その結果，全般的に和風の印象が強いものの，和室に合わないとされる組子割があること，組子割に応じて印象が有意に変化することが見出されました。たとえば，和室であれば横長ないし縦長の長方形，洋室であれば正方形に準じたデザインが適当と評価される可能性が高いことが示唆されました。また，加藤・朝日・柳瀬（2012）では，居室における居心地や部屋の外に対する意識にが組子割によって変化する傾向が示されました。経験則に基づいたデザインを支えるためにも，デザインする資料として役立つであろう，科学的な知見を提供するのも環境心理学研究の１つの役割といえるのかもしれません。

7節　狭い空間は不快？

　どれくらいの狭さまでは人間は身をおくことができるのか，そのような限界を検討することは環境心理学の趣旨ではありません。数多くの研究事例が体現しているように，「人間にとって快適かつ望ましい環境」について検討し，探究する学問分野であり，「人間が適応でき

る環境」を考える立場にはありません。

　しかしながら，先述したように，人間は広い空間だけでなく，用途や場合に応じて狭い空間を好む傾向もあります。子どものころ，押し入れのような空間に入って，そこで感じられる狭さに付随する感覚を楽しんだ経験のある人は少なくないでしょう。実際のところ，日本人建築家・黒川紀章が発案し1979年に大阪（梅田）に建設された「カプセルホテル＊」は世界各国からの旅行者に楽しまれていたりします。また，飛行機のファーストクラスやビジネスクラスをイメージした空間を宿泊施設として活用している事例があり＊＊，ロシア，イギリス，シンガポールなど諸外国でも運営されています＊＊＊。筆者自身もそうですが，いわゆるビジネスホテルの空間は部屋面積に対して天井高が低くとられていたり，部屋そのものが不自然に狭いと感じる人は少なくないのではないでしょうか。もしくは，そういった空間に何ともいえない不快感を感じる人はいるのではないでしょうか。どのような環境を経験してきているかによる個人差，部屋での過ごし方（姿勢を含む）および滞在時間などによって変化すると推察されるところですが，床面積に対して適当ないし好ましいと感じられる天井の高さは異なると推察されます。関連する実験として，込山・初見（1996），金子・柳瀬（2016）を紹介します。

1.　天井高の変化に気づく

　居室の設計において，天井高さは重要な要素の1つです。たとえば，20階建ての集合住宅を建設する際，2,600mmとするか2,800mmとするか，200mmの違いでおおよそ1層分の階高に相当する違いが生じることになります。法律によって，建築できる条件は限定されることが通常ですが，そこで生じる違いは経済的価値において大きな意味を持つことがあります。数十室をビジネスホテルなどで増やせるケースを考えてみると，イメージできるかと思います。

　天井高の知覚ですが，込山・初見（1996）の研究によると，天井と壁面の境界を実験空間平面の中央で見上げた際の視線（仰角）の変

＊　　http://www.capsulehotel-inn-osaka.com/（2016年11月時点）
＊＊　　http://first-cabin.jp/（2016年11月時点）
＊＊＊　　http://www.dezeen.com/2011/09/12/sleepbox-01-by-arch-group/（2016年11月時点）

化で，おおよそ ±2 度の変化が生じた際に感じられるとされています。つまり，小さな空間と同じような変化を感じさせるために，大きな空間は天井の高さを大きく変化させる必要があるとされています。床面積が小さいほど人間は繊細に天井高を感じ取る傾向が強いといえ，部屋の広さに応じた工夫が求められると理解できます。

2. 狭小な居住空間に暮らす

　日本に限らず，都市部における居住環境として，快適な生活を営むために欠かせない床面積の確保に工夫を要する狭小な居住空間に暮らす人は増えています。ライフスタイルや日常場面の変化に柔軟に対応できる生活の設えは，衝立や障子をはじめとする多様な間仕切り，ロフトやデンなど，数多く存在しますが，仕切ることで生まれる狭小空間を人間がどのように感じるのか，適当と感じる用途は何か，心理的な知見は十分でありません。

3. 上段と下段の空間，どっちが好き？

　筆者ら（金子・柳瀬，2016）は 4 畳半の実験空間に，上段と下段の高さを変化させられるロフトベッドのような実験装置（広さは 3 畳，図 2-11）をつくって，各々の空間における姿勢に応じた印象評価および適当と感じる行為を回答させました。その結果，次のような傾向が示されました。

▲図 2-11　ロフトベッドのような実験装置

①天井高に応じて空間の印象は変化する。

②天井の高さに関係なく上段が好まれる。

③臥位や床座の姿勢をとると椅子座よりも天井高や上段／下段の影響を受けなくなる。

　また，生活行為と比較的強く結びつきやすい上下の分割方法は，上段 1,100mm・下段 1,400mm の組み合わせに対して上段を「くつろぐ行為」，下段を「集中する行為」と，上段 950mm・下段 1,550m の組み合わせに対して，上段を「睡眠」，下段を「集中する行為」と利用したときでした。

　空間の分割に限った話ではないですが，何かを分ける際に均等をなんとなく良しと判断せずに，分割することでそれらがどのような意味をもつようになるのかなど，事後について考えを拡げておくことが大切といえます。生態学的心理学やゲシュタルト心理学など，より基礎的な実験を扱っている心理学研究における知見が役立つかもしれません。

4．空間の広さや明るさ

　自分の部屋は狭いより広いほうがよい。できるだけ大きな家に住みたい。そのような希望をもっている人は少なくないでしょう。では，どのくらい広さが自分の部屋としては理想的といえるでしょうか。100 畳（およそ 180 平方メートル）を理想とする人は稀かと思います。半分の 50 畳はいかがでしょうか。もう少し狭い空間を思い浮かべているかと思います。そう，主に 1 人で過ごす空間の理想的な広さは案外広くないものなのです。

　空間というのは平面だけでなく，高さ方向にも広がっているのですが，自分や家族にとって適当な天井の高さは思い浮かべられるでしょうか。居住している自宅のリビングや自室，台所や風呂場，さらにはトイレなどの天井高を回答できるでしょうか。先述したように，正確に回答できない人が多いことと思います。手元にメジャーのある人は天井高を実際に計測して，確認してみましょう。居室は 2,400 〜 2,600mm 程度，風呂場はそれよりも低い数値になっているのではないでしょうか。それらの数値をふまえて，広さと同じように，各々の部屋について理想的な天井高を考えてみてください。難しい課題かも

しれませんが，たとえばリビングと風呂場，自室とトイレの理想的な天井高が同じにならないことは理解できるのではないでしょうか。具体的にイメージできなかった人もいるかもしれませんが，心理学的手法を用いた実験を行うと異なる数値が適当な寸法として示されるものです。

5. 公共トイレ空間

　みなさんが日常的に利用している建物に必ず設置されている施設の1つに「トイレ」があります。自宅や学校，オフィスは言うまでもなく，移動途中に立寄るであろうコンビニエンスストアや喫茶店，駅舎や商業施設，休日に足を運ぶ機会の多い公園やスタジアムにいたるまで，トイレのない場所を探すほうが困難なくらいです。公共トイレは，私たちの外出行動には欠かせないものですが，利用を躊躇する場面が残念ながら少なくありません。どのような空間であれば快適に利用できると感じられるのでしょうか。一定以上の清潔感が要件となるのは容易に予想できますが，空間の広さや明るさも快適性を左右する要因としてあげられます。そこで必要とされるのが，人間工学や心理学の知見となります。前者は主に行為に必要とされる寸法や明るさの基準を，後者はそれらに応じた利用者の評価を扱います。

(1) 実験方法

　設計資料では，用を足すにあたって必要とされる個室空間の平面的広さは幅800mm・奥行1,200mm程度とされています。身近な公共および自宅のトイレはどのような寸法でしょう。比較的新しい施設は少し広くなっているかと思います。明るさは，公共トイレよりも住宅のトイレのほうが明るく設定されている事例が多いです。そう，同じトイレ空間であっても，物理的な環境条件は異なってデザインされているものなのです。

　柳瀬・難波（2006）および難波・柳瀬（2007）では，実験室に可動壁パネルと一般的な洋式便器を設置して，基準空間と比較空間を合わせて21パターンの広さと4パターンの明るさを体験できるように準備しました。実験データは，基準空間（奥行1,400mm・幅1,000mm・照度50ルクス）に対して比較空間をどのように感じたのかを，基準

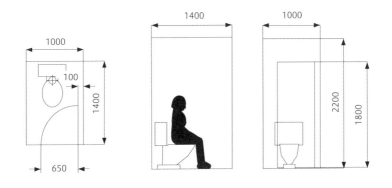

▲図 2-12　基準空間の平面図および断面図

空間を 100 として回答させたり，各々の空間評価が相当するカテゴリーにマーク（丸印やチェックなど）させて抽出しました（図 2-12）。

（2）実験結果・考察

　実験対象とした人（被験者）が大学生および大学院生に限られている点に注意が必要ですが，最も高く評価された空間は幅 900mm・奥行 1,400mm でした。つまり，必要とされる空間よりも広いことが利用者にとって高く評価される可能性が示されました。その一方で，広いことがマイナスに作用する傾向も示されました。具体的には，奥行方向の余裕についてはプラスなものの，幅（横方向）については必要以上に余裕をもたせないことが求められ，奥行よりも幅を広げる際には慎重さが求められる結論が得られました。大規模な建築物におけるトイレ空間は，多様な用途を想定した室空間の配置がなされたあと，余剰した空間に配置が計画される事例が少なくないようですが，求められる器具数や設備と平面積のバランスだけでなく，利用者の快適性を意識した空間が増えてきているかと思います。環境心理学研究で，建物に内包される空間の評価が建物だけでなく，建物を管理する組織の評価にも影響を及ぼすといった指摘もあります（Baum & Valins, 1977）。実際，駅や商業施設，映画館やスタジアムなどを初めとする公共トイレの改善は目覚ましく，利用者数に加えて，利用時間も増加

傾向が示されています。過去には，食事する人の出現が話題になりました。外出時にトイレを利用する際には，自宅との違いなどを自分なりに評価したり，注意して観察してみてください。

8 節　おわりに

　本章では，建築や都市空間と心理学との浅からぬ結びつきを理解していただくために，具体的な環境心理学研究の事例紹介を通じて，建築と心理学の関係性について概観しました。まずはじめに，人間が環境情報による影響を思っている以上に受ける一方で，その内容を知覚・認知していないことや，知覚・認知の過程で情報が歪められていることを概説しました。日常的に体験している環境(散歩コースのベンチ)や視野などについて，ぜひ，再考してください。続いて，これまでに取り組んだ研究を題材に，人間の存在および環境の切り取り方などについて紹介しました。環境と行動の関係性を科学的に解明し，他分野の研究に役立つ，さらには多分野の研究をつなぐハブのような役割を担っている空気を感じてもらえたかと思います。

　主体以外の存在すべてを環境として扱う「環境心理学」において，建築および都市空間は研究テーマの宝庫であると同時に，底なし沼のような存在です。何の気なしに足を踏み入れると，よくわからないまま沈んでしまいかねません。しかしながら，前半部分で記述したようなことを意識して少しだけ注意深く周辺の環境を見直してみましょう。きっと，楽しく取り組める研究テーマを見つけられることでしょう。さらに，後半部分で紹介した研究をふまえ，家族や友人，アルバイト先の年配者など，他者の視点を組み入れて，実験や調査を計画することで有意義な研究に取り組めるようになるはずです。

建築・都市環境をデザインする

　筆者は建築学科の教員で「建築・都市空間を対象とする研究」を継続してきています。詳細についてはウェブサイト（https://ylab.wordpress.com/）にあるとおりで，「人間と環境の相互作用」について検討し，建築・都市空間のデザインに応用できるような資料の提供を目指しています。実験心理学的アプローチをベースとする学際的な研究を心がけている点が比較的ユニークであると思っています。

　所属学科が建築学科であるとはいえ，専門が心理学をベースとする環境心理学であることに変わりはありません。「心理学をベースとする」と記述したのには理由があって，建築学をはじめとして，他の学問分野をベースとする環境心理学も存在するからです。そのことは，国の機関である JST が管理している研究者を検索できるサイト（https://researchmap.jp）で，「環境心理」を研究キーワードとした際にリストアップされる研究者を確認することで理解できます。昨今，このような分野の融合はめずらしいことでなくなりましたが，20 年以上前，この学問に関わる機会をえて，自らの研究テーマに未だに夢中になれていることは幸せなことと感じています。

　筆者自身は「建築空間内の移動行動から生成される認知距離に関わる研究」で学位を取得し，現在にいたるまでに，街路照明，ストリートファニチャー，階段，公共トイレ，建具，仮設住宅，遊び場，病棟，狭小空間などを対象とする研究に取り組んできています。認知距離の研究に特化していない主な理由は，各々の研究をつなげて，連続性のある研究，さらには面的な研究を形成して取り組みを拡げていきたいと考えているからです。環境心理学研究の特徴の 1 つは，専門とする研究者でも把握が困難な多様性にあります。建築・都市空間を軸にして，自分なりに少しでもその特徴を強めたいと思っています。

● 環境心理学への関心 ────────────────

　近年，「建築，心理学，環境心理学，デザイン，論文など」といった検索ワードの組み合わせによって研究室サイトを探し当てて，訪れる人が増えてきている点からも，建築やデザインに関わる人が高い関心を心理学に寄せていると推察されます。また，建築学科教員が分担している，全学向け講義（人とすまい）を通して，建築と心理学の組み合わせに対する関心も高まっていると感じています。行政やメーカーの人も同様です。

　数年前から，建築心理学演習（修士学生対象）にて「マチナカに設置するベンチづくり」を産官学で連携して進めているのですが，そこで重視さ

れるのは，設置するベンチについて「どのように利用されるか，利用者は
どう感じるか，住民にどのような効果がもたらされるか」といった点の検
討にあり，人間の心理的側面について見識を深めることが強く求められま
す。ベンチを製作して，意図なく設置するだけでは，先の要件を満たせる
可能性は低いのです。言うまでもなく，ベンチそのものの造りも軽視はで
きません。そのためには，建築に関わる知識を活用する必要があります。
ただ，一方の専門性だけでなく，それらを合わせることによって「よりよ
いベンチの設置」にいたれるのです。自分の専門や知識を他者のそれとど
のように合わせると，新たな方略，デザイン，価値などが生まれるか，そ
のようなことを考えられる点も環境心理学の大きな魅力といえます。

● 建築・都市空間を研究対象とする───────────────

　衣食住という言葉があるように，建物の存在は，人間と非常に強く関係
しています。したがって，先述したように，心理学との結びつきも密接で
あるといえます。ただ，それ以上に，人間の生活を支える非常に重要な基
盤であることを忘れてはいけません。衣服や食物が生活に欠かせないよう
に，建物は生命を守る役割を直接的に担っています。心理学者と比較して，
建築に関わる研究には生命維持に関わる取り組みが多いことは事実です。
自分自身のテーマにしても，建築・都市空間を対象としている点において，
その一端を担っていると意識しています。実験空間を出て，建築・都市空
間を対象とする研究に取り組む際には，その意識を頭の片隅にとどめてお
くことも大切かと思います。

建築は言うまでもなく，モノづくりをベースとします。デザインや考えを具現化するにあたっては，
モノを利用する人や維持管理する人に対してプレゼンテーションし，意見などを収集する機会が比
較的多いです。写真（左）は，大学院の演習として「特定の場所に相応しいベンチ」を関係者に提
案している場面です。写真（右）は，提案したベンチです。

第3章
施設環境の心理学

活かせる分野

私たちは普段の生活の中で，さまざまな施設を利用します。学校や職場で長い時間を過ごしますし，帰り道や休みの日にはデパートなどの商業施設で買い物をしたり，美術館や博物館といった施設に出向くこともあります。また，病気やけがなどで病院にかかることもあるでしょう。自宅や都市，自然の環境と同じように，こうした施設の環境もまた，私たちの行動や心理に影響をもたらします。施設を利用する際には，都市環境や自然環境に対して，比較的規模の小さな空間で他者と時間を共有することを考えると，周囲にどのような物が置かれているのか，どのような人がどのくらい，どのような配置で存在しているのか，ということがより重要な意味をもってきます。この章では，施設環境と私たちとの関わりについて，紹介します。居心地のよさや，利用しやすさを感じる施設環境とはどのようなものなのでしょうか。

1節　医療・福祉施設環境

1. 医療施設

(1)　病棟・病室の環境

　1958 年に国民健康保険法が全面改正されて以降，日本では国民が等しく医療サービスを受けられるように，「均質」で「質の高い」医

療を提供することが求められてきました。そのため，病院環境は機能的，効率的に患者に対応できる環境であることが重視されていました。

栗原ら（1962）は当時主流であった，総室と呼ばれる20床もの大部屋（図3-1）や多床室（8床室，6床室，4床室など）を対象として患者同士の関わりや過ごし方について検討しました。その結果，4〜6人が一番まとまりがよいという結果が示され，現在の病室のタイプが定着したと考えられています。

しかし，社会の変化やそれに伴う生活者の意識の変化によって，患者のプライバシーや，快適性の向上が重視されるようになりました。医療施設において，患者は自分自身やプライバシーや，人の付き合いの程度をコントロールできないと感じることが多く，これは多大なストレスであり，脅威であると考えられます。自分の生活をコントロールでき，安心感を与えるような状況を作り出す必要があります。

病室の環境については，プライバシーに関連して，多床室における適切なベッドとベッドの間隔についての検討や，ベッドの角度を工夫することで気分の改善を試みた研究などが実施されています（上野ら，1990；柳澤ら，2005）。また，病室のインテリアについての研究では，床・壁・カーテンの色がベージュ系のもの，彩度の低いものや暖色系は温かいという印象につながること，色の対比が強いと不快感を起こしやすいこと，足元までの窓は開放感以上に不安感を抱かせてしまうこと，などが明らかになっています（中村，1984）。

小児病棟を対象にした研究や取り組みも多く行われています（図3-2）。シンシナティ小児病院の外来小児科病棟では，改築を期に病棟をより快適な空間にするため，実際に医師や看護師，職員を対象にした調査が行われ，設計がなされました（プライザーら，2001）。なる

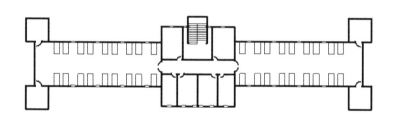

▲図3-1　総室タイプの病室の例

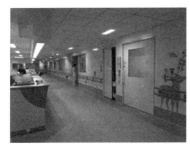

▲図 3-2　小児病棟の廊下

べくどの場所からも外の景色が見えるようにすること，患者のプライ
バシーを部屋の配置や防音によって守ること，ユニバーサルデザイン
を取り入れスロープを設置すること，などが重視されました。また，
子どもの感覚に合った環境を提供するために，家具やカウンターを子
どもに合わせた寸法にすること，原色を使い，保育園や子どもたちの
家にあるおもちゃのような形を取り入れることで刺激を与え親しみや
すくすることが重視されました。待合室やプレイルームでは，年齢や
症状によって異なる時間の過ごし方ができるような工夫がなされまし
た（柳澤，2001）。

(2)　外来・待合室の環境
①デザインや待ち時間の影響
　病棟や病室の問題だけでなく，外来についても，デザインのあり方
を考える必要があります。患者を対象とした研究から，病院は，多く
の人にとって威圧的で親しみにくい非日常的な環境であり，不安やス
トレスを感じる環境であることがわかっています（Carver, 1990;

Veitch, & Arkkelin, 1995; Zimring et al., 1987）。単に機能的，効率的であるだけではなく，快適でわかりやすい環境が必要とされています。

　アメリカではミシガン大学内の複合型病院で，1979年から1985年までPlacement Hospital Programと呼ばれる大規模な改修計画が実施されました（Cherumk, 1993）。このプロジェクトの中では，実際の利用者である患者や外来者のニーズ・好みにあったデザインを決定するために，30以上の研究が行われ，不慣れな利用者が迷わないように次のようなことなどに関する工夫のしかたが見いだされました。

　　①標識や看板などの視覚的手がかりを作成する。
　　②フロアの表記をわかりやすくする。
　　③建物に名前をつける。
　　④たくさんの科やサービスを理解しやすいシンボルで表す。

　これらすべてが実際に反映されたわけではありませんが，これらの研究で得られた知見は，ケアのためのデザインのガイドラインとして評価され，広く役立てられています。

　こうした迷いやすさに加え，多くの外来患者に不安と心理的苦痛を与えている原因として，待ち時間が長いことがあげられます。受診患者の苦情・クレーム調査では，医療施設側に具体的に伝えた苦情・クレームとして「待ち時間の長さ」と「医療者の態度や振る舞い」が並んで高く，実に半数近くの患者があげています（前田, 2010）。また，待ち時間の長さは受付のスタッフにとってもストレスになることがわかっています。予約制の導入も効果があるものの，遅刻やキャンセルなどの対応が難しく，予約をしてもしなくても待たされる時間にあまり大きな差がないところもあり，「なるべく待たせない」ことだけでなく，待合室環境やシステムを工夫することで「快適に待ってもらう」ことが重要であるという考えが広まってきました（図3-3）。

　待合室の環境でも，プライバシーは重要な要因です。受付の職員や，他の患者と向い合って座るのは視線が気になって苦痛であるという結果は多く報告されており（陶・羽生, 2011；吉良, 2005；三和,

▲図3-3　待合室

1998），目が合わないように患者同士が背を向けて座るような椅子の配置（ソシオフーガル）や，90°の配置が好まれています。ソファを向かい合うように置き，その間に本棚を設置したり，広角ミラーを設置して患者が視線を気にすることなくスタッフが患者に目配りができるようにしたり，工夫をしている診療所もあります。

②インテリアの影響

　照明，家具の色や形，絵画，植物，掲示物などのインテリアも待合室の評価に影響を与えます。病院では，落ち着いた雰囲気を演出するために，特別な照明設計を行い受付や待合室などは白熱灯を取り付け間接照明が使うのが好ましいとされていますが，実際の研究でも，蛍光灯よりも白熱灯のダウンライトや間接照明の待合室のほうがより利用したい，居心地がよく感じるという評価を得ています（Leather et al., 2003; 陶・羽生，2012）。また，壁や天井，家具については，寒色よりも暖色が好まれ，丸みを帯びたデザインやアシンメトリーなデザインが好まれます（陶・羽生，2012）。絵画や写真，植物，掲示物を飾るのも居心地のよさを高めます（陶・羽生，2009，2010）。特に，色合いやデザインがシンプルで簡素なイメージをもたれるような待合室では，植物や掲示物を配置することで無機質さを和らげる効果があります。しかし，量が多すぎたり，あちこちに置かれていたりすると，かえって落ち着かないことがわかっており，適切な量と配置が求められます。

　このように，従来のステレオタイプ的な，壁や天井が白く，蛍光灯が使われ，暗く，無機質な印象を与える待合室環境は多くの病院や診療所で改善されつつあり，しかし，あまりにも病院らしくないデザイ

ンもまた，人によっては敬遠される傾向にあるようです。学生，社会人，小学生以下の子どもがいる親，中高年を対象にして実施した研究では，病院や診療所の利用頻度が低い学生や社会人において非常に興味深い結果が得られています（陶・羽生，2011）。あまりにも全体の印象が「病院らしさ」からかけ離れていると，落ち着かず，信頼できないというものです。自宅の部屋やカフェ，ホテルなどであれば好ましく感じる環境であっても，華美なデザインや家のリビングのようなデザインは，病院としては違和感を覚え，不安にすらなってしまうということです。ある程度は従来の病院らしいデザインに沿いながらも，照明を蛍光灯ではなくダウンライトを使う，壁や家具の色を暖色にするなどの工夫で，安心感や信頼感を与える配慮が必要なのです。

現在では，待合室にミニ文庫を配置したり，香りを工夫したりしている例もあります（三和，1998）。ロビーにカフェやベーカリーを設置している病院や，壁や棚のスペースに患者や職員の作品を展示している病院も多くみられるようになりました。待合室環境も，ただ待つためだけの場所ではなく，居心地よく過ごすために，さまざまな工夫が施されています。

2．心理面接室

患者と同様，クライエントが不安や悩みを抱えて相談にやってくる心理面接室（相談室，カウンセリングルームを含む）の環境も，よりよい面接のためには重要です。しかし，適切な面接室環境がどのようなものなのか，ということはあまり研究されておらず，また面接室の部屋の数の不足も大きな問題として残っています（Shirakawa et al., 2016）。

面接室環境で重要な要因は，騒音とプライバシーの問題です。面接の話し声が外に聞こえる心配がなく，落ち着いて話ができるためには外の騒音にもじゃまをされないということが重要です（氏原ら，1992）。面接室のインテリアが部屋の印象や面接時の回答数に及ぼす影響について検討した研究では，通常の部屋と比較して，蛍光灯ではなく間接照明を用い，壁に絵を飾り，四角い椅子とテーブルではなくアームチェアとベンチを設置し，床にラグを敷いた部屋のほうが，インタビューにおける回答数が多く，部屋に対する評価もより落ち着く，

面接室は落ち着くインテリアが高評価

好きという結果になりました（Chailkn et al., 1976）。面接室の改修
前後で空間の印象を調べた研究では，壁や床，机，椅子，キャビネッ
トが変更されていましたが，色や材質が統一されたことで，落ち着き
や暖かさの評価が高くなっています（小林ら，2012）。

　面接を行う際，椅子の配置や距離も重要な要因です。一般的な対人
環境においては，2者の親密な会話は机を挟んで90°が好ましいとさ
れていますが（Sommer, 1959, 1962），面接室における対人環境で
は，患者やクライエントの病状や重篤さ，面接の内容によって，適し
た配置や距離はさまざまです。統合失調症の患者は顔を見られるのを
嫌がるため90°の位置に座る（Shivadon, 1965），カウンセラーとク
ライエントは机を挟んで90°を好む（Hasse & DiMattia, 1970），不
安の高い人は机がない近接した距離のほうが信頼性を高く評価する
（Widgery & Stackpole, 1972）などといった研究がありますが，検
査を実施する場合には観察しやすい対面が望ましいという考えや（片
口，1987），机を挟んで面接を行うと記録をとるために便利である，
手元を見られなくてすむ，なんとなく安心できるという臨床心理士の
報告もあります（Shirakawa et al., 2016）。

　面接室内の環境以外に，建物の立地や部屋の配置も重要な要因です。
静かで落ち着いた場所にあり，人目を気にせずに利用できる場所に配
置されることが好ましく，人通りの少ない廊下の奥や，建物の裏口の
近くに面接室を設けることで，入りやすく工夫することができます。
その他，クライエント同士が顔を合わせなくてすむようにという配慮
も重要で，ついたてを設置したり，ドアを2か所設けることで，対

応している面接室もあります。

　こうした中で，さまざまな施設において，専用の面接室が存在しない，あるいは不足しているという実状があり，十分に面接室環境を整えることが困難であるという問題が浮かび上がってきています。企業や学校，精神病院や診療所に勤務する臨床心理士を対象に行った研究では，会議室や応接室，廊下の端といった場所を借りて，必要な荷物を持ち込んで面接を実施しているというケースが少なくありません。臨床心理士たちは，専用の部屋がなく，毎回別の環境で面接を実施していることが，クライエントに不安を与え，面接の質が低下しているのではないかと懸念しています。専用の部屋が与えられていても，「パーティションやカーテンでしか部屋が区切られておらずプライバシーが守られていないと感じる」「人通りの多い場所に配置されている」という報告もあります。よりよい面接を実施するためには，適切な面接室環境を提供する必要があり，そのためにはさらなる研究が求められます。

3．高齢者施設

　特別養護老人ホームや認知症グループホームなど，高齢者のための施設では，共同生活を希望する人々が集まった生活の場です。近年，高齢者における重要なテーマとして「生活の質（QOL）」があげられていますが，高齢者施設においても，QOLの向上に効果をもたらすような，施設環境を提供する必要があります。

　高齢者は，年齢を重ねており，認知機能や運動機能の低下や，健康的な問題を抱えている傾向が高いという共通点を除いては，その他の年齢群よりも個人差が大きい年齢群であり，「非常に多様である」ということが重要な特徴です（羽生，2008）。ひと口に高齢者といっても，ある程度自分での生活が可能な高齢者もいれば，重度の障がいがあり，ケアが必要になった高齢者もいます。また，入居者の過去の生活経験や，地域性や文化的背景も，大きく異なる場合があります。こうした多様な高齢者にふさわしいデザインというものはやはり1つではなく，入居者に応じて対処ができるような配慮が求められます。

　入居の際に高齢者は，住み慣れた住居や地域，家族や友人と別れ，使い親しんできた家具や身の回りの物を整理して，最小限の衣類や生

56

活用品を携えて入居をすることになります。新しい環境に適応し，快適に生活を送るための工夫も必要です。自室のパーソナライゼーションと施設に対する満足度には関連があるという研究もあり（佐々木ら，2004），ある特別養護老人ホームでは，あまりつくりこまず最小限の環境を用意し，入居者が手を加えて個性を出せるような配慮を施しています（新建築社，2012）。慣れ親しんだ調度品を持ち込むことで，共有空間から自室に戻った際に自分の部屋だと認識でき，安心感を抱くことができるでしょう。また，施設らしさを和らげ，家庭らしい環境を提供することも，重要であるとされています。赤木（2009）の研究では，なじみ感，生活感，広さ感の３つが家庭らしさを生じさせることがわかっており，家具，キッチンセット，装飾品・趣味用品の配置によって，こうした家庭らしさを高めることができると示唆しています。

　家具や生活用品の工夫は，高齢者の行動の増加を促すことにもつながります（山形，2009）。手ぬぐいやほうきとちりとり，ちゃぶ台，ミシンなどを置いた施設では，高齢者が自然に手を触れたり，実際に利用したりする機会が増えています。また，ロビーやレクリエーションエリアなどの共有空間にこうしたものが置かれることで，他の入居者との会話が促進されたことも観察されています。使い方に迷わない家具や生活用品は，記憶障害のある認知症の高齢者にとってもなじみやすく，その人らしい生活を達成するために役立っています。

　他人との共同生活の場において，共用空間のデザインも重要です。そのときによって，１人で過ごしたいこともあれば，仲のよい人と話をしたいこともあるでしょう。また，入居者と一緒に歌を歌いたい場合もあれば，それを離れたところから眺めていたい場合もあるでしょう。そのため，共有空間にはさまざまな行動が選択できる空間が必要なのです。

2節　教育環境

　私たちは一生の間に，何年間も学校という環境で時間を過ごし，学習をします。こうした環境は，直接学習効果に影響を与えることは少ないものの，私たちの学習や他の行動に影響を及ぼします。こうした

教育環境は，単に機能や見た目のよさを備えているだけではなく，教育や学習の効果を促進する，あるいは阻害しないような配慮が求められています。

　しかし，教科や学習プログラム，教員や生徒の特性によって，最適な環境デザインは変わってきます。たとえば，講義を受けるときと，グループで話し合いや作業，実験を行うときでは，最適な椅子の配置や，教室に必要なものは変わってきます。1つの正解があるわけではなく，さまざまな特性を考慮して調整をする必要があります。

1. 学習に影響を与える環境要因

　学習に影響を与える環境の要因として，環境の規模，騒音，人口密度があげられます。色や照明，建物の魅力についても検討されていますが，あまり多くありません。これは，学校のインテリアや美観がある程度決まっているということが理由として考えられます（羽生，2008）。詳しくみていきましょう。

(1) 環境の規模

　より大規模な学校は，多様な指導を生徒に提供します。しかし，多様さは学校の規模に比例するわけではなく，大規模な学校が他の学校よりも，授業科目の選択をわずかに多く提供するという程度です。授業以外の活動への参加においては，規模による違いが確認されていませんが，より小規模な学校の生徒は，より多くの種類のクラブ活動に参加しており，中心的な役割をつとめることが多いのです。大規模校の生徒は他人からもたらされた経験から満足度が得られることが多く，小規模校の生徒は，より直接的な参加から満足度が得られることが多いと報告しています。

(2) 騒音

　一般的に騒音は学習を妨げると考えられていますが，騒音の効果は，騒音の特性や，学習者のパーソナリティ，作業の性質や状況などによって変わってきます。男性よりも女性のほうが騒音の影響を受けやすいこと（Gulian & Thomas, 1986），外的コントロールの所在を示す（自分に起こった出来事の原因が，他者や運など外部の力によると考える）

人は騒々しい状況でよいパフォーマンスを示し，内的コントロールの所在を示す（出来事の原因が，自分の行動や努力などによると考える）人は，静かな状況でよいパフォーマンスを示すこと（Collins-Eiland et al., 1986）が確認されています。

(3) 人口密度

　密度の高さについても，学習に対し直接的に一貫した影響をもたらすのではなく，学習形式や，動機づけの高さによっても変わってきます。グループディスカッションや実験を行う場合，座って講義を受ける，読書をするなどの場合よりも，密度が高いことで学習が阻害される傾向があります（Weinstein, 1979）。また，動機づけがあまり高くない場合や，討論形式の授業の場合には，低密度よりも高密度の教室のほうが成績がよくなる傾向がみられています（Weldon et al., 1981）。

2. 教室における着席位置

　大学などでは，教室の座席が決められておらず，自由に席を選べる場合が多くあります（図3-4）。こうした場合に，学生の着席位置と，出席回数，学業成績，自尊心，達成動機の間に関係があり，教室の前方と後方では，学生の成績などに差がみられることが報告されています（Brooks & Rebeta, 1991; 北川，2012）。北川（2012）はさらに，教室のゾーン分けを行い，教室の座席を前方ゾーン，中央ゾーン，後方ゾーン，左右両端ゾーンに分類し，それぞれの座席を好む学生の，教師への態度の違いについても報告しています。

　　全方ゾーン着席者：教師との相互交渉を積極的に臨んでおり，課題に

対人距離の分類を教室にあてはめてみると…

　ホール（Hall, 1966）の対人距離の分類を標準的な規模の教室に当てはめてみると，前方ゾーンは教師との距離が個体距離，中央ゾーンと左右両端ゾーンはほぼ社会距離，後方ゾーンは公衆距離に相当します。

▲図 3-4　さまざまな規模の教室

　も強い興味や動機を抱いています。

中央ゾーン着席者：適度な距離を保ちながら相互交渉をしようとする
　積極的な態度を示し，課題に対する動機も高い学生です。

後方ゾーン着席者：相互交渉には不適切な公衆距離を保とうとしてお
　り，教師との交渉を避けたい，消極的な態度を示しています。対応
　意識や，反発心が現れている場合もあるでしょう。

左右両端ゾーン：適度な距離にいながら，視線が合いにくい斜め向か
　いに座ろうという態度であり，教師あるいは課題に対して，矛盾し
　た態度をもっていると考えられています。教師によく思われたいけ
　れど指名されたくない，社会距離は保ちたいが目立ちたくない，情
　報を得たいが相互交渉は避けたい，というように，葛藤を抱えた態
　度です。

　これらの 4 つのゾーンと，着席者の教師への態度を表すと図 3-5 の
ようになります。

教卓

左右両端ゾーン 葛藤的な態度	前方ゾーン 積極的で追従的な態度	左右両端ゾーン 葛藤的な態度
	中央ゾーン 適度に積極的な態度	
	後方ゾーン 消極的で反発的な態度	

▲図 3-5　着席位置のゾーンと教師への態度（北川, 2012 をもとに作成）

3. 特別支援教育の学習環境

　個人の性別やパーソナリティによって，ふさわしい音の環境が異なることは上で述べましたが，特殊児童を対象にした音研究も進められています。多動児が学ぶには適度な騒音がふさわしい一方で，自閉症の子どもには静かな環境が適していることがわかっています（Zentall, 1983）。

　教室内のインテリアについても，配慮が必要です。ADHDや自閉性障害の子どもは，外からの刺激で注意がそれてしまいやすく，集中力を持続させるのが難しいという特徴があります。教室の飾りや掲示物は目に入らないよう後方に置き，机の上にもいろいろなものを置かないようにするなど，学習環境を整える必要があります。

　座席の配置に関しても，工夫が必要です。これまでの知見では，発達障害児は音や目に入るものや人の気配に敏感であることから，刺激が少なく教員の目が届く，ドアや廊下や窓から遠い1番前の席が好ましいと考えられてきました。しかし，近年の親を対象に実施した研究では，前から2番めの席やうしろの席のドア付近のほうが，子どもが集中していると感じるという報告もあります（伊藤ら, 2015）。前に別の子どもがいることによって，お手本にしながら作業ができる

ため落ち着いて取り組むことができるのでしょう。ドア付近の座席の場合は，他の子どもに気づかれにくく，すぐに外に出られる状況をつくりだすことで，「いつでも外に出られる」と感じることで気が楽になり，集中して授業を受けられるようになると考えられます。

4. 教育環境における居場所

　学習を促進する教育環境のありかたを考えることはとても重要ですが，教育施設は，学習のための場所としての機能だけを備えていればよいわけではありません。学校臨床の現場では，生徒の居場所の確保が重要とされています。居場所とは，「居心地のよいところ」（都筑，2008），「精神的に安心していられる場所」（文部省，1992）などと説明されますが，こうした居場所は精神的健康によい影響をもたらすことがわかっています。

　大学生を対象に，大学構内の居場所と気分の関連について検討した研究では，ほとんどの学生が構内に居場所があると回答し，教室やサークル室，図書館，ベンチなどが居場所として報告されています。1人で過ごすか誰かと過ごすかについては気分の違いはありませんでしたが，居場所の有無や居場所の特徴が，気分と関連があることを示し，居場所がない学生は緊張や不安をより高く感じ，考えがまとまらないと感じていることがわかりました（福永・横田，2013）。

　オルデンバーグ（Oldenburg, 1991）が提唱したサードプレイスという概念は，都市生活者の居場所を説明したもので，自宅（ファーストプレイス），職場・学校（セカンドプレイス）を結ぶ第3の場所として定義されます。オフィスや学校はセカンドプレイスにあたりますが，1日の中で長時間を過ごす生活の場として考えると，学校やオフィスの中にも，サードプレイスの要素を含む居場所が必要であると考えられます（図3-6）。

▲図 3-6　大学内のさまざまな居場所

3 節　労働環境

1. 労働環境の効果

　労働環境に関する初期の研究はシカゴの工場で行われた，ホーソン研究と呼ばれる一連の研究が知られています（Roethlisberger & Dickson, 1939）。これは，ウェスタン・エレトリック社の，電話機の組み立てを行うホーソン工場で行われた研究で，工場の環境が従業員の生産率や満足度に与える効果を調べたものです。ホーソン工場の

研究者たちは，照明の明るさが生産率に影響与えることを期待して実験を行いましたが，明るさのレベルによって生産率が大きく変化することはなく，70％まで光量を減らしても，生産性が下がらないという結果になりました。また，同じ明るさの別の照明器具に取り替えると，従業員は明るさが増したといって喜んだのです。

　これらの結果が示すことは，環境が労働に与える影響が小さいということではありません。労働環境の変化が従業員のパフォーマンス(作業量・効率・ミスの少なさ)に直接影響を与えるのではなく，従業員たちの知覚や認知を介しているということです。従業員たちが，環境が変化したことを知覚したことによって，「環境が改善されたのだろう」と推測して満足度が上昇したり，生産性を維持しようと努力したのです。また，研究で生産高を記録されることによって，通常以上の動機づけ（やる気，意欲）があったことも考えられます。新しい楽器や道具，きれいな体育館を使って練習を始めるときや，監督やコーチが記録をとっているときには，いつも以上にやる気が出るけれど，それだけがパフォーマンスに影響するわけではない，という現象と似ています。

2．労働環境の要素

　仕事における物理的環境は，従業員のパフォーマンス，満足，社会的関係，健康にとって非常に重要です。これらに影響を与える物理的な環境には，次のような5つの主要な側面があります（Gifford, 2002）。

　　①音（騒音・音楽）
　　②気温（暑さ，寒さ）
　　③空気（汚染，鮮度）
　　④光と色（自然光，白熱灯，蛍光灯，窓，眺望）
　　⑤空間（空間の量，作業場の配置）

それぞれ詳しくみていきましょう。

(1)　労働環境の音

　騒音は労働に悪影響を与えるといわれていますが，特定の音を騒音

と感じるか，快適な音に聞こえるかは，個人と状況によって異なります。また，作業の内容や，個人の特性などによっても騒音の効果は変化します。

　騒音がパフォーマンスに及ぼす影響は，作業が単純か，複雑かによっても異なります。細かい注意が必要な仕事や，一度に複数の仕事を平行して行うような複雑な仕事の場合には，騒音はパフォーマンスをより妨げることがわかっています（Nage & Pandey, 1987）。しかし，単純な作業であれば，適度な騒音はむしろパフォーマンスを上げる効果もあります（Reid & Paulhus, 1987）。必ずしも静寂が常に快適であるわけではないのです。

　個人差については，性別，年齢，パーソナリティについての違いが検討されています。騒々しい条件下での計算のパフォーマンスについての研究では，女性は仕事のペースが遅くなり，男性はそうではないという結果が得られています（Gulian & Thomas, 1986）。また，騒音は反応時間を遅くしますが，若い人よりも，年長の人に悪影響を及ぼすことがわかっています（Lahtera et al., 1986; Jennings et al., 1988）。

　パーソナリティに関しては，内向的な人のほうが外向的な人に比べて騒音の悪影響を受けやすいといわれています（Eysenck & Graydon, 1989）。また，ノンスクリーナー（周囲の人の気配や音などの環境刺激を遮断するのが苦手なタイプ）はスクリーナー（周囲の環境刺激を遮断し，すばやく適応できるタイプ）よりも騒音を無視することが難しいため，影響を受けやすくなります（Mehrabian, 1977）。

　音の特性も重要です。新奇な音，騒々しい大きな音，自分ではコントロールできない音，予測できない音は，よりパフォーマンスを下げることがわかっています。

　それでは，音楽はどのような効果があるのでしょうか。音楽が生産性を改善するという考えを立証した研究は少なくありませんが，多くの研究は仕事場の音楽がめずらしく特権であった時代に実施されていることから，音楽そのものよりも，特権を与えられている満足感がパフォーマンスを向上させた可能性があります。また，これらの研究の多くは単純な作業の場合についての音楽の効果を調べており，複雑な

仕事を行う際の音楽の効果を示したものはあまりありません。音楽の効果は，作業内容の多様さや，音楽の様式，テンポ，音量など，多くの要因が組み合わさっており，結論を出すのは難しいと考えられています。

（2）労働環境の気温

　暑さや寒さは，仕事上のさまざまな行動に影響を与える可能性がありますが，音と同じようにその影響は複雑で，気温だけでなく，湿度，気流が組み合わさって影響をもたらします。また，仕事の内容や，着衣量，高温または低温にさらされている時間の長さによっても気温の効果は変わってきます。外が暑い日に28℃に設定されたオフィスで仕事をしている従業員と，スーツで外回りをしてオフィスに戻ってきた従業員では，同じ室温でも快適と感じるかは大きく違うということはよくあることです。作業内容については，肉体労働の場合は低い室温のほうが効率がよく（McCormick, 1976），細かい動きや微妙な感触を必要とする手作業を行う場合は寒いとパフォーマンスが下がります（Fox, 1967; Enander, 1987）。

　また，実際の室温だけでなく，室温をどう知覚しているかも影響をもたらします。部屋の中に暖房器具があるのを見たり，室内装飾が豪華であったり，温度計が実際よりも高い温度を示していたりすると，実際の室温よりもより暖かく感じることがわかっています（Rice, 1980）。大学生を対象に行った研究では，室温を変化させず「室温が3℃上昇した」と信じるように仕向けた場合，実際に室温を上昇させ

快適は人によって異なる

たときと同様に快適さが変化しました (Stramler et al., 1983)。ホーソン研究の知見と同じように，実際の環境の変化以上に，その環境をどう知覚しているのかが重要であることがわかります。

(3) 労働環境の照明

　オフィスや工場の照明は，業務を行うためにとても重要です。

　電灯が現れるまでは，多くの工場は日光を取り入れるための窓や天窓がついた1階建て構造で，多層階構造のオフィスについても日光が窓から届く距離を考慮し，ビルの幅が制限されていました。その後，電灯が利用できるようになり，生産率の上昇や事故の減少がみられたこともあり，人工照明が急速に広がります (Luckish, 1924)。

　現在では，人工照明の技術が発達し，こうした建物の構造に関する制約はほとんどありませんが，照明の明るさや光の均一性には配慮する必要があります。近年の環境心理学の研究では，可能な限り，業務ごとに個別に照明を調整すべきであると考えられています。細かい作業は会議よりも多くの光を必要とします。スミス (Smith, 1978) の行った研究では，照明の明るさと課題の視覚的困難さの組合せによってパフォーマンスが変化しました。また，光がうまく拡散されていないと，パフォーマンスが低下したり，影ができてしまうことで製品などの見え方が変わってしまうという問題が生じます。照明の角度は慎重に決める必要があります。　照明の効果が年齢によって異なることも示されています (Hughes, 1976)。

　照明の設置については，グレア（不快なまぶしさ）への配慮も必要です。周囲が暗い，光源の輝度が高い，光源が視線に近い，光源の見かけの面積が大きい場合，視力や見え方の低下，目の疲労，作業のパフォーマンス低下を引き起こします。直接照明からの光や，ディスプレイの反射光によるグレアは避ける必要があります。光源の位置を工夫したり，直接照明の他に間接照明や部分照明を組合せたりすることで，極力グレアを少なくすることが重要です。

(4) 労働環境の空間
①オフィスのプライバシー

　オフィスにおけるプライバシーも，重要な問題です。多くの組織の

中では，パフォーマンスがコミュニケーションに依存すると考えられていますが，コミュニケーションをとりやすいように壁や仕切りをなくし，他の従業員との距離を近くすればよいというわけではありません。たしかに，個室のオフィスはコミュニケーションを抑制し，パーティションや壁のないオープンプランオフィス（ランドスケープオフィス）はコミュニケーションを促進するといわれます。他の従業員とのコミュニケーションがとりやすくなることで，働きやすくなり，新しいアイデアが生まれてくる機会が増えるということもあるでしょう。しかし，従業員密度の高い状態で勤務しており，騒音や目に入る人やものなどの余計な情報をさえぎることができない状況では，従業員のパフォーマンスが低下することがわかっています（Oldham et al., 1991）。また，オープンプランのオフィスに対する従業員の多くは，オープンプランに対して否定的な意見をもっているのです（Ng & Gifford, 1984）。いくつかの会社では，オープンプランのエリアを壁で仕切り，小グループに分ける方法をとっています（Gifford, 2002）。

　また，仕事の内容や役職によっては，オープンプランがそぐわない場合もあります。機密性を必要とする仕事をしている人や，管理専門職の従業員は，プライバシーが損なわれて働きにくいと感じます。スクリーナーとノンスクリーナーのように，個人が望むプライバシーには違いがあります。オフィス環境には，プライバシーを保つこと，コミュニケーションを促進することの両方が求められていますが，その必要な量は業務内容や個人によっても変わってきます。オフィスでは，多様な空間を提供することが重要なのです。

② **オフィス革新**

　1986 年に通商産業省（経済産業省の前身）ニューオフィス推進委員会より「ニューオフィス化推進についての提言」が発表されました。これは日本におけるオフィス環境の改善への期待が込められており，オフィスが単なる生産の場ではないことを強調しています。長い時間を過ごすオフィスを快適かつ機能的にすること，「人間の生活の場」「情報化の中核の場」「企業文化の発現の場」「国際化の前線の場」であること，オフィスの多様性や，柔軟性を確保することなどが盛り込まれています。

欧米でも，オフィスの革新が起こり，オフィスを効率的に使用するため，さまざまな工夫が実践されました。また，知的生産性を高めるため，オフィス空間が人々へ与える影響についても関心がもたれるようになります。アレンらは 1970 年代に，組織内のコミュニケーションを促進するために，壁やパーティションを極力なくし，部門や個人ごとに部屋を割り当てないという，「ノンテリトリアルオフィス」というコンセプトを提唱しました（Allen & Gerstberger, 1973）。

　日本では，1988 年に「フリーアドレス」と呼ばれるデザインが誕生しました。これは，机や椅子を個人に支給せずに，在籍者全員で共有し，外出，出張，会議などで席を離れている人の席を有効利用しようとするものです。欧米では個室オフィスやブース型の個人オフィスが中心でしたが，日本では部課長が島の端部に座る対向島型のレイアウトがほとんどで，オフィスの面積や机上面積が欧米と比べて小さいのが特徴でした。そのうえ，OA 化によって人の空間がコンピュータをはじめとする OA 機器によって狭められてしまいました。ニューオフィスではこうした点についても改善が進んでいますが，多くのオフィスでは空間の制約という問題が残っています。フリーアドレスは空間の狭さを使い方の工夫によって埋めようとしているのです。

　しかし，こうしたノンテリトリアルオフィスやフリーアドレスが必ずしもよい効果をもたらすわけではないことがわかっています。フリーアドレスを導入したあるオフィスで実施した満足度調査では，導入後に全体的な使いやすさやコミュニケーションのしやすさに関する満足度の低下が確認されています（嶋村ら，1996; 山田ら，1996）。また，自分の席を自分のなわばりとすることができた従来の使い方と比べると，フリーアドレスでは自分の居場所，よりどころをなくしてしまうことになります。会社への帰属意識が薄れてしまうといった問題もあります。打ち合わせスペースをアクセスしやすい場所に配置することでコミュニケーションをとりやすくしたり，仕切られた座席スペースを増やす，可動式の間仕切りを取り付ける，などでなわばりを奪わない配慮をしたり，多様な使い方を可能にすることが必要です。

4節　おわりに

　本章では，医療施設や高齢者施設，オフィス，教育施設などの環境について紹介をしてきました。このほかにも，商業施設，駅，美術館・博物館，市役所などの公共施設，刑務所などといった施設についての研究も数多く行われています。

　以前と比べて，施設の環境には，利用者が目的を果たせること，そこで働く人々が効率的に使えることばかりでなく，より便利に，より居心地よく利用できることが求められるようになってきています。施設によって，ふさわしい環境のあり方は変わってきますが，共通しているのは，性別，年齢，パーソナリティ，生活スタイル，心や身体の状態もそれぞれ違う，さまざまな人が利用することを忘れてはいけないというところです。利用者一人ひとりに合った環境を作り出すのは簡単なことではありませんが，多くの人が快適に利用できるよう，画一的でない多様な環境を用意したり，ときには利用者の意見を取り入れたりしながら，施設の環境を考えていく必要があるでしょう。

オフィスを創る

筆者は，オフィス環境構築のコンサルティング業務をしております。その中で，オフィスデザインやレイアウトにどのように環境心理学的な要素が取り入れられているかについてご紹介します。

● 昨今のオフィス環境

昨今の女性の社会進出促進や情報通信技術（ICT）の発達などを背景とする働き方の多様化の影響を受け，多くの人が働く場であるオフィス環境においてそれらに対応するためのさまざまな試みがなされており，その中で心理学的な知見をオフィスデザインに取り入れるケースも増えています。

多くの人にとっては，1日の中の長時間をオフィスで過ごすことになります。そのため，企業はそこで働く社員にとって居心地がよいと感じるような空間になるようにさまざまな工夫を施します。

たとえば，オフィスの内装に木目調のデザインを取り入れたり，本来家庭向けにデザインされている家具をオフィスに取り入れたりすることなどで，オフィスの中にアットホームな雰囲気のある空間をつくり，社員が仕事中にリフレッシュしやすくし，快適に過ごせるように配慮しています。

アットホームな雰囲気のある空間の例

● スペースのレイアウトとコミュニケーション

また，近年のオフィス環境において重要視されているのが，オフィス内で社員同士がコミュニケーションをとる機会をいかに増やすかということがあります。

この場合重要となるコミュニケーションとは，意図しない突発的，偶発的に発生するオフィス内での何気ないコミュニケーションであり，そうい

ったコミュニケーションがさまざまなアイデアの創出や円滑な関係構築によい影響を与えるといわれています。

　そのために，社員同士で顔を合わせる機会が増えるようにスペースをレイアウトし，またその場で打ち合わせや雑談などがしやすいようにテーブルやイスなどを配置することで，偶発的なコミュニケーションを誘発しやすい環境を構築します。

　図1のレイアウトでは，執務スペースAと執務スペースBを離して配置させ，かつその間にコミュニケーションスペースを設けています。

　基本的には執務スペースはひとまとまりにしたほうが，業務効率の面では最善といえますが，あえて執務スペースを離すことで，自然と人の往来が生まれ，それにより社員同士が顔を合わせる機会が生まれます。

　さらに，コミュニケーションスペースという空間を執務スペース間に設けることで，雑談や簡単な打ち合わせがしやすい環境になっています。

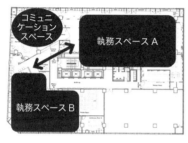

図1

コミュニケーションスペース

◉ オフィス環境構築という仕事のやりがい

　実際のオフィス環境構築のプロジェクトでは，数か月単位，長い場合は年単位でかかることもあります。それだけの時間をかけて計画したオフィスが形となり，実際に利用する人たちがそこで生き生きと働いている姿を見ると，オフィス環境構築という仕事のやりがいを感じるとともに，働く人にとってオフィス環境がいかに重要であるかを改めて実感します。

第4章

自然と心理学

活かせる分野

　私たちは普段，人工的に構築された都市環境において日常生活を送っています。都市的な生活はとても便利で快適なものですが，何もないところから快適な生活環境が生じてくるわけではありません。普段意識することは少ないかもしれませんが，私たちの都市的な生活の下支え，成立の基盤となっているのが日光，土壌，水系，生物などからなる自然環境です。自然環境がその生態系から生じ各種のサービスや機能を提供してくれているおかげで，私たちは日常生活を続けていけるのです。では，心理学の一分野であり，環境と私たちの関係について扱う学系である環境心理学はどのように自然環境について扱ってきたのでしょうか。本章では，これまでの研究例などをもとに，自然環境との関係性に着目した環境心理学の理論や考え方や調査・分析方法，および関連する職業や資格などについて紹介したいと思います。

1節　自然環境と環境心理学

1. 自然環境との心理的な関わり

　まず，環境心理学と自然環境との関係について考える前に，私たち自身が自然の産物であることについて思い出しておきましょう。この事実は本章で扱う問いを考えるにあたって，重要な出発点になります。

たとえば，都市環境に住む私たちは，どうして草花や芝生，公園の樹木，街路樹などの自然的な要素に対して親しみを抱くのでしょうか。この現象に対しては，いくつかの仮説によって回答できるかもしれません。たとえば，生物学者であるケラートとウィルソン（Kellert & Wilson,1993）は，「生得的に自然や生物（バイオ）そのものに愛情（フィリア）を有しており，人間が潜在的に他の生物との結びつきを求める傾向や本能がある」とする仮説，すなわちバイオフィリア仮説によってこれを説明しようとしています。また，他の分野では，生理人類学者の佐藤方彦が「ヒト（人）－森林起源仮説」を唱えています（宮崎，2003）。これは，人の起源を500〜600万年前としたときに，人が森林から出て暮らすようになったのはここ数万年であることから，森林や自然に対する愛着や親和性はDNAレベルで刻みこまれているという考え方です。過去に戻って確かめることはできないので，現時点では両方とも証明しようのない仮説となるのですが，論理的に考えてみるとたしかにそのような感じもしますし，少なくとも私たち人間と自然環境は本質的に切り離せない関係にあることを示す一定の論拠にはなりそうです。また，もう少し私たちの生活に引きつけて考えてみると，たとえば，無機質なオフィスの机の上に観葉植物を置くと，なんとなく集中力が増すような気がします。また，月島や下谷など，東京の下町の路地にある家々の前に誰ともなしに植木鉢が置かれ，それがあたかも街路樹のような様相を帯びるとともに，いつの間にか住民だけでなく道行く人々に安らぎを与える風景になっている，といったことも上記理論の確からしさを無言で語っているように思われます。

都市生活に安らぎを与えてくれる街の植物たち

このように，私たちは，自らが築きあげた人工環境のもと，便利で快適な生活を求めてはいるのですが，一方では極度の人工環境に対しては出自的な要因によりストレスを感じてしまう性質を有していることが考えられます。したがって，意識的・無意識的に自然環境を連想させてくれる物象を自らの近傍にとどめておきたくなるのではないかと考えられるのです。

しかしながら，本来，自然環境は多様な要素からなる複雑系であり，まったく同じ状況になることはあり得ません。たとえば，同じ季節の同じ風景だと思っても実際には微妙にその構成要素が変わっていたりします。私たち人間も自然環境の一部ですのでこの理屈が当てはまります。たとえば，各人間に容貌や性格に個人差があったり，個々人についても日々の気分や体調にわずかな違いがあったりします。すなわち，私たちと自然環境の関係について整理しようとする場合には，複雑系である私たちと，これまた複雑系である自然との掛け算の数に等しく相互の関係性が考えられるため，その組み合わせの数は理論上ほぼ無限にあることになってしまうのです。たとえていうならば，いわば人間と自然とが綾なす「もつれた糸」（奥ら，1999）とでもいえるのかもしれません。したがって，ある特定の条件で成り立っている関係を調べるタイプの研究，つまりケーススタディ的な研究は行いやすいのですが，数多くある変数の正確な統制が困難なため，個々の研究結果から科学的，普遍的な結論を導くのが難しいという弱点があります。実際のところ，変数の統制がしやすい都市的な環境と比較して，自然環境を対象としたこの種の研究があまり進んでこなかったのは，このような問題が足かせになっていたのではないかと思われます。

環境心理学はこのような「もつれた糸」を解きほぐすための学問的に有効な手法の1つです。複雑に絡み合った糸を他の関連分野の考え方や理論，手法を参考にしたり，または独自にそれを創出したりしながら，私たちと自然環境のさまざまな関係性を心理的な側面から解きほぐします。

2．自然環境は怖い？

街に住む人たちと話をすると，森林や国立公園などの比較的都市から遠い自然環境に対して，多くの人が「美しい」「癒される」という

イメージをもっているようです。しかし、その一方で、時折、テレビや新聞などで、人家の近くでも住民がクマに襲われたり、田畑がイノシシに荒らされたりといった自然の怖い側面を垣間見るかのようなニュースを知ることがあります。また、実際に自然地を訪れた際に、スズメバチやアブ、ブヨ、カ、ヘビなどの有害動物の被害にあった経験から、自然環境には怖いというイメージがついてしまった例もあるようです。ヤブが繁茂し、木々にツルが絡みついたような荒れた森林の内部を歩くなどしたときには、それだけで少し怖い感じがすることもあります。

　前者の自然環境に対して懐く、よいイメージについては、バイオフィリア仮説やヒト－森林起源仮説などで説明ができそうですが、後者の怖いというイメージはどうして生じるのでしょうか。この疑問について地理学者のアップルトン（Appleton, 2005）が提唱する「眺望－隠れ場理論（prospect-refuge theory）」を援用して考えてみましょう。アップルトンは私たち人間のもつ特性として、眺望はあるけれど自分は見られないような場所こそが快適であることを指摘しています。その理由としては、やはり私たちの祖先の過去の生活に根差した経験が遺伝的に引き継がれてきたということにいきつくようです。具体的には、たとえば狩りや争いごとの折、それらをできるだけ安全に成功にいたるためには、まず視覚的な情報として自分の姿や気配が対象や相手から確認されない状況下において、反対に自分が対象や相手を確認できる状況が最も望ましい状況だと考えます。これは危機管理のための環境把握の方法として今日においても私たちの特性として残ってい

昔も今も、人間は自分が見られない場所が快適

るようで，たとえば，部屋のブラインドやレースのカーテン（外部から内部を見えにくくする一方で，各自で操作をすることにより，内部から外部への視認性を確保する機能があります）などは，見る－見られる関係をある程度任意に調整可能とする点で，アップルトンの理論が現代の生活に反映された姿なのかもしれません。また，さらに基本的な問題として，自然地において見通しが悪いと道に迷ってしまい，その結果，生命の危機に陥ってしまう可能性があることも重要です。しかし，中には原生的な自然環境を探検することを希求する人もいますので，すべての人に当てはまるわけではないのですが，一般的にはこのような問題を避けるために，ある程度人の手を入れるなどして自然環境の見通しのよさを担保する，散策可能な遊歩道・有害動植物に関する情報を得やすくするだけでもかなり恐怖感や不安感は薄れるものと考えられます。

3. 好ましい自然環境とは？

(1)「好ましさ」「美しさ」と恐怖感・不安感

　次に好ましい自然環境について考えてみたいと思います。『森林美学』（新島・村山，1918）という古典の中で指摘されているのですが，私たちには本質的にあらゆることに対して「好ましさ」や「美しさ」を求める性質があるようです。たとえば，争いごとに使用する刀，鉾，甲冑などの武具について考えてみましょう。武具を機能面から考えた場合，重量がかさばったり，強度の面でむしろ余計な装飾や附属物などは必要のないもののはずです。しかし，どこの国においても，時とともに武具は徐々に形態・デザイン的に洗練されていき，その結果，美術品の域にまで美的に高められたものも多く存在します。このように好ましさや美を求める志向は私たちが人間らしく生きるのに不可欠な概念なのかもしれませんが，ここで自然環境について考えた場合はどうでしょうか。環境に対して恐怖心や不安感が生じている場合，おそらく「好ましい」「美しい」といったようなポジティブな感情が芽生えることはないでしょう。その理由については，キャノン W. B.(W. B. Cannon) が「闘争・逃走反応（fight-or-flight response）」として提示した仮説から考えることが可能です（McGonigal, 2011）。私たちにとって危険を感じる環境においては，まず，自分たちの生命や

安全を守ることが最も重要なことになるという理論です。そして闘争・逃走反応が一度でも起きると，それが強力なストレスとなって私たちをネガティブな心理状態にすることが知られています。したがって，好ましい自然環境を演出するためには，まず，利用者が恐怖感や不安感を感じる要因を取り除いてあげる必要があるのです。

(2) カプランの「好みのマトリックス」

　さて，恐怖感や不安感が取り除けたとします。次にどのような方針で好ましい環境づくりについて考えていけばよいのでしょうか。ここで何かしらの道しるべがあるとたいへん便利でしょう。実は，好ましい自然環境を整備するための羅針盤として，カプラン夫妻ら（Kaplan & Kaplan, 1989）が彼らの研究グループの研究成果より導き出した理論があります。この理論は環境心理学の分野でよく引用されるものの1つなのですが，カプランの「好みのマトリックス」として知られています（表4-1）。

　このマトリックスは，自然環境において，座って静かに風景を眺めるような活動（2次元的）を考えるか，環境内を歩き回るような活動（3次元的）を考えるかといった「活動」に関する軸と，環境を理解したいのか，それとも探索したいのかという環境への関わり方への「欲求」に関する軸の2軸から構成されます。また，表4-1の「わかりやすさ」「複雑さ」「まとまり」「ミステリー」は，「活動」と「欲求」がつくるマトリックスにおいて，利用者が好ましい環境だと感じるだろう要件のことです。たとえば，自然の中を歩き回るような「活動」を想定しつつ，環境への理解を促すためには「まとまり」という要件が重要であり，「まとまり」の特性が環境に備わっていると利用者は

▼表 4-1　好みのマトリックス

	理解 (understanding)	探索 (exploration)
2 次元	まとまり (coherence)	複雑さ (complexity)
3 次元	わかりやすさ (legibility)	ミステリー (mystery)

それを好ましい環境であるとして判断するだろうと予測できることになります。一方，この理論は活動と欲求の関係のもとに自然環境と好ましさの一般的な考え方を示したものであり，自然環境の具体的な計画やデザインに直接役立つというわけではないのですが，私たちの活動や欲求をふまえながらも，好ましく快適な自然環境のデザインを考えるうえで，非常に役に立つ理論だといえます。たとえるなら，大海原における航海において進むべき方向性を示してくれる羅針盤のような存在です。一方，理論を実践するにあたって留意すべき点もあります。たとえば，マトリックスの因子である「ミステリー」の特性をもつ環境の計画やデザインを考えた場合，利用者の性別や体力によっては，1つやり方を間違えると恐怖感や不安感の発生につながってしまうことがあるのです。先に紹介したように，一度そういったネガティブな感情が芽生えてしまうと，ポジティブな感情である好ましさや快適性が生じる余地はほぼありません。したがって，最新の注意を払って環境の設計・演出を図る必要があるでしょう。

（3）ミステリーと恐怖感・不安感

　また，ここで自然環境においてミステリーと恐怖感・不安感を仕分ける要因とはなんでしょうか。先ほどのアップルトンの眺望−隠れ場理論でも検討しましたが，まずは見通しがよく安全な環境を準備することが重要です。しかし，一度きっちりと整備をしたとしても，自然が相手のことですから，放置しておけば時間とともにヤブなどの下草が繁茂し，再び木々が鬱蒼としてくるでしょう。したがって，よく人々が利用する場所，あるいは設計者のほうで利用を見込みたい場所については定期的なメンテナンスが必要になるのです（堀ら，1997）。この点が，一度手を入れればメンテナンスの必要があまりない建築物中心の都市環境とは大きく異なる点だといえます。さらに加えて，体験する環境についての情報によって恐怖感・不安感を低下させるかどうか，あるいはミステリーの要素を高めるかどうかが変化します。情報の付与と自然環境に対する評価・行動についてもある程度研究されているのですが，実務のうえでも多くの人に楽しんでもらえるように，国立公園，国定公園などの自然公園や国有林野，森林セラピー基地 ®では，公園などの入り口に，それぞれ看板やビジターセンターを設置

して情報の提供に努めています。まずは利用者に訪問場所の詳しい情報を知ってもらい，安全確認と行動選択への確信をもってもらうことこそが自然環境を楽しんでもらうために重要であることが経験的に周知されていることに由来します。また，自然環境に対する好ましさを効果的に向上させるには，現地をよく知るガイドや自然解説員などの案内人に同行してもらうのもたいへん有効です。案内人らの当該環境に詳しい人と一緒に行動することで，自然環境で起こり得る危険を回避することができ，さらに楽しみどころを見逃さないという効果が期待できるからです。実際のところ，井川原ら（2007）の調査からも，単独散策の場合よりも案内人がいたときのほうが生理的，心理的なリラックス効果が高いことが明らかにされています（図4-1）。

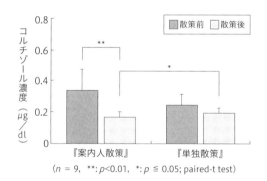

$(n = 9,$ **: $p<0.01,$ *: $p \leqq 0.05;$ paired-t test)

▲図4-1　案内人がいた場合の散策と単独での散策とのストレス
　　　　ホルモンの比較（井川原ら，2007を改編）

ガイドなど案内人のいたほうがより身体的にも
リラックスできたことを意味している。

情報の付与と自然環境に対する評価行動についての研究

　たとえば，バーヨフとロイシュナー（Buhyoff & Leuschner, 1978）は，松枯れについての樹病情報がないと，季節的な紅葉のように思われて美しいと評価される現象が生じるなど，同一環境でも樹病情報の有無によって評価が異なることを示唆しています。

4. 回復をもたらす自然環境とは？

さて，好ましい自然環境についてはある程度理解できたとして，次に，自然環境と心身の回復について少し考えてみたいと思います。

近年，都市生活による人間関係のストレスや，情報機器の発達に比例して増大する情報量などに対するストレスによって心身が疲弊する人が増加しています。また，国民の健康志向の高まりなどの理由により，改めて豊かな自然環境に対する，心身の回復の場としての期待が高まることになりました。たとえば，近年の内閣府（旧総理府）の調査結果をみると，森林に癒やしなどのレクリエーション機能を求める人の割合が，15.5%（1999年）から13年後には，27.7%（2011年）と大幅に増えているとのことです（石崎，2013）。

(1) 注意回復理論

しかし，一体なぜ人々は森林などの自然環境に対して癒やしの場としての期待を寄せるのでしょうか。それには自然環境のもつ環境的な特性が関係していることが考えられます。このような自然環境と心身の回復についての問題を考えるには，既出のカプランらによって提唱された「注意回復理論」（attention restoration theory；Kaplan et al., 1998）が合理的な説明の論拠となるでしょう（表4-2）。

カプランらは，環境のもつ回復特性に着目し，私たちの心理的な回復のためには，次の4つの要件を備えた環境が必要であるとしています。

▼表4-2　回復環境の4要件

逃避 (being away)	その環境で日常生活・仕事から精神的に逃れることができる
魅了 (fascination)	その環境が穏やかな魅力をもっている
拡がり (extent)	その環境が物理的に広々しているまたは解放感がある
環境の適合性 (compatibility)	その環境が行動しやすく，何をしなければならないかで悩まない

▲図 4-2　茶臼岳

自然環境は逃避，魅了，拡がり，適合性の要件を満たす場合が多く，安全・安心および体温調節さえ担保できればとてもよい回復環境となる。

①逃避（日常生活・仕事から逃れることができること）。
②魅了（穏やかな魅力があること）。
③拡がり（広々としていること）。
④適合性（行動しやすいこと）。

　これらを自然環境に当てはめて考えたときに，自然地における環境は非日常的な空間ですし（逃避），適度に管理された自然環境には穏やかな美しさがあります（魅了）。また，自然地は都市空間や建物内部よりも広々としていることが多く（拡がり），自然環境の中で行われる行動は，歩く，登る，運ぶなど比較的単純で，没頭しやすいことが多いと思われます（適合性）。以上のような原理から，自然環境が私たちをストレスから回復させてくれる環境（回復環境）であることの説明が可能となります（図4-2）。

（2）心理学的ストレスモデル

　では，自然環境はどのような機序でストレスから私たちを回復させてくれるのでしょうか。この点について，小杉ら（2002）の「心理学的ストレスモデル」を参考に考えてみたいと思います（図4-3）。まず，私たちはストレスに直面した際，各人がさまざまな方法でそれに対処することになると思いますが，その対処法のことを総称的に

コーピングと呼びます。コーピングは，さらにストレッサー（ストレスを与える原因となるもの）に対して向き合い問題を解決しようとする対処法である問題焦点型コーピング，そしてストレッサーに対して直接対峙せず，リラックスしたり旅行に出たりなど気分転換などすることでストレスを軽減しようとする対処法である情動焦点型コーピングに分類できます。ここで，自然環境について上記のコーピングの概念に当てはめて考えてみると，自然のさまざまな環境要素にゆったりと浸ることによって，心身ともにくつろぎ活力を回復することを目指すのですから，一種の情動焦点型のストレスへのコーピングとして考えることが可能になるでしょう。

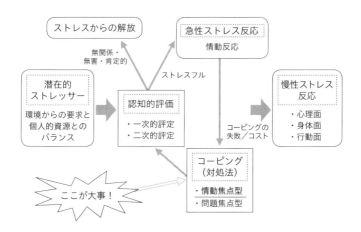

▲図 4-3　ストレスコーピングの手段として考えた場合の自然環境の位置づけ
（小杉ら，2002 の心理学的ストレスモデルを参考に作成）

情動焦点型コーピングとして位置づけられる。

荒れた環境下の回復環境の効果

　すでに「好みのマトリックス」について紹介しましたが，手入れの行き届いていない荒れた環境下においては，好まれないだけでなく，回復環境としての効果も期待できないでしょう。回復環境としての効果を高めるために，まずは環境が荒れる要因となっている物象を取り除いてあげて，さらに注意回復理論の 4 要素の質を高めていく工夫が求められます。

（3）実際の自然環境のデザインと管理

　実際に自然環境のデザインや管理に携わった経験からすると，「好みのマトリックス」と「注意回復理論」は矛盾せず，むしろ相乗的な関係にあるように思えます。つまり，環境が注意回復論の4要件を満たしていれば，好ましく，なおかつ高い回復力を有する自然環境を満喫することができ，より多くの恵みを享受することが可能になるでしょう。現在のところ，自然環境の計画・デザインが行われるときには，国や自治体などが発注して，設計・造園コンサルタントなどの提案によって決定されていくのですが，この場合，発注者の意向と，設計・造園コンサルタントなど受注者の計画・デザインセンスの折り合いで決まっていくことが多いのです。実際にできあがってみると，その施設が本当に必要だったのか，または誰をユーザーとして考えて設置・設計されたのかということを説明できる客観的な論拠に欠けていることもままあるため，体験の質が担保されているとは言いがたい状況にあるといえるでしょう。またどこかで採用されたデザインや構造物が取り入れられたりして，結果的にどこも似たような無難な設計・デザインになってしまうことも多いのです。これは，現在の自然地のデザイン手法に，しっかりとした理論が取り入れられていないことに由来するものと思われます。したがって，今後，実際の自然環境の現場に，環境心理学の知識や理論を導入していくことで，一定以上の質を具備した，多様な計画・デザインが可能になることが期待されます。

5．自然環境の現場と環境心理学

　日本は亜寒帯〜亜熱帯までの気候帯をもち，各地域の自然環境は非常に多彩です。このような状況下で，個々の地域の自然環境の特性に応じた整備を行って豊かな個性や魅力を引き出し，訪れてよかったと思ってもらえるような場を創出していくためには，自然環境の持続的な保全や利用について考えたうえで，来訪者の気持ちや行動特性を読み取って，それを多くの人々が安全かつ快適に楽しめる環境づくりに反映していくことが望まれます。したがって，自然環境の計画やデザイン的要素を決定する際には，まず，地域の自然環境の特徴を読み解き，その個性を把握することが必要になります。そして次に，自然環境の計画・デザインの段階で，人間と環境の関係性を広く多面的に理

解し，ネガティブな関係性をできるだけ抑えつつ，ポジティブな関係性を高めていく作業が必要になります。ここで環境心理学の理論や実践例がとても役に立つことになります。より具体的にいうと，環境心理学の知見を応用すれば，自然環境をデザインするときに，たとえば「ミステリー」の要素を取り入れつつ好ましい森林環境を演出するためには，どこにどのような歩道を通せばよいのか，また，先々に向けてそれをどのように管理していけばよいのか，そのときに回復環境の4要件は適切に担保されるのかなどについて，現場の状態を観察しつつ理論的に検討することができます。またあるいは，歩道の折り返し地点にある広場に「まとまり」の要素と回復環境の4要素を組み合わせたうえで，好ましく回復効果の高い環境を整備したり，さらにその環境をより効果的に利用してもらうために，休憩中に会話が弾むような sociopetal（コミュニケーションを促進する形式。ここでは円形に向き合って座るテーブルセットなどを意味しています。対立概念として，sociofugal があります）概念を取り入れたテーブルセットを設置したり（図4-4），風景のよい場所に思わず座りたくなってしまうような affordance（環境が私たちに対して与える意味のこと。建築やデザインの場で広く応用されています）をもつ木製のベンチを導入したりなど，デザインに関与する環境心理学の知識を組み合わせつつ，

▲図4-4　ソシオペタル（赤城自然園）

知ってか知らずか，ソシオペタル風のベンチの配列がみられる四阿。もう少し，ベンチの間隔が近いと初対面の人同士でも会話が生まれやすい。

▲図4-5　アフォーダンス（富士演習林）

木漏れ日の光をシーツで拡張した一時的な環境のセッティング。だたこれだけの工夫でもシーツの下で座って休む，寝るなどの行動を自然と誘引（アフォード）してくれる。

新たな環境を創出・管理していく方法について客観的な論拠のもとに考え，提案することが可能になります（図4-5；なお，このあたりについてさらに勉強してみたいと思った人はカプランら（Kaplan et al., 1998）の翻訳版（羽生ら，2009）と羽生（2008）を手にとってみることをおすすめします）。

　現状では上記は理想に過ぎません。残念なことに，現在の自然環境を扱う現場にはこのような心理学の理論からの視点はほとんどなく，予算の制約や担当者の計画・デザインセンスからなる方程式の下でなんとなく出来上がってしまった施設が多いのも事実です。このような状況を打開するには，今後，もちろん学術としての環境心理学の側でも，さらに心理学的な観点から論拠や実践を積み上げ，自然環境の現場にそれを展開していく努力を怠ってはなりませんが，現場でも人間と環境の心理的な関係性について理解し，環境の設計・維持改善に貢献可能な心理学的な知識や経験がある人材をさらに積極的に採用していくことが期待されます。

2 節　自然環境の調査と分析

1. 自然環境の調べ方

　さて，次に自然環境と私たちの関係性について調べる方法のうち，特に環境心理学の分野で用いられる方法について紹介したいと思います。これらについては，質問紙による調査のほかに，インタビュー調査，行動調査，疫学的調査などいろいろとありますが，ここでは特に実施例の多い質問紙を用いた調査を中心に取り上げます。

(1) アンケート調査

　まず，アンケート調査です。質問紙による調査では，多くの場合，被験者の属性や性別を調べるためのフェイスシート（被験者のプロフィールなどの情報を記入する記録用紙）を用いて被験者の性別，年齢，属性，興味や経験などについて把握します。これらの情報は，あとに他の質問紙によって得られた結果を解釈したり，被験者の偏りについて議論したりするのに役立ちます。ただし，個人情報も多く含んでいますので，昨今は名前などがわからないように被験者を記号・番号化したり（たとえば，Aさんを「被験者 1」とした場合，以後の実験時から分析時まで被験者 1 の呼称で扱います。この場合の A さんが被験者 1 であることについては実験責任者だけが知り得る資料として厳重に管理する必要があります），特別な状況を除いては，名前や詳細な住所，電話番号などの個人が特定できるような情報を収集しないなどの配慮が必要になります。

　また，アンケート調査では調査者が知りたいことを自由に組み合わせることで柔軟に設計することが可能です。そのため環境心理学だけでなく，さまざまな心理学の分野でも用いられています。一方で，心理学の分野では，質問紙の信頼性（同じ人にもう 1 度試した場合，同じような結果が得られるかどうか）と信頼性を前提とした妥当性（測りたい対象がちゃんと測れているか）が問題になることがあります。この信頼性，妥当性については，実際のところ環境心理学と近接する造園や建築分野，その他アンケート調査を行う社会科学の分野などではあまり問われないのですが，環境心理学は心理学の 1 分野ですので，質問紙の作成・使用においても科学的であるとされるための要件を満

たしているかどうかが問われます。ここではこれ以上の詳細な話は割愛しますが，アンケート調査やアンケートの作成について興味のある方は，入門書である小塩ら（2007）や森岡（2007）などを参照してみてください。

（2）SD法

SD法（Semantic Differential Technique）とはアメリカの心理学者であるオスグットら（Osgood et al., 1957）が開発した調査法で，環境心理学の分野でも，特定の環境に対する認知や認識の状態を調べるためによく利用される方法です（岩下，1983）。「好き－嫌い」「明るい－暗い」などの意味が逆になる形容詞対（あるいは形容動詞対）

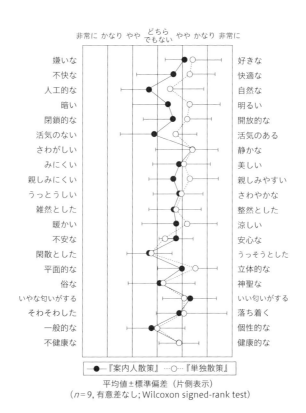

▲図4-6　SD法の形容詞対とプロフィール分析の実施例
（井川原ら，2007を改編）

を複数対置させ，事象の一般的な意味次元を量るために複数の被験者に回答を求めます。各形容詞対に対して5段階や7段階の尺度で回答を求め，各尺度段階を得点とする「リッカート尺度（Likert scale）」を用いて数値化します。以前は得られた結果について，さらに因子分析により複数の形容詞対をまとめて解釈するための総合的な評価軸を抽出することに主眼をおいていた方法ですが，最近の研究では，単に各環境を被験者がどのように認知・認識しているのかについて知るために使用されることが多いようです（図4-6）。

(3) PRS

PRS（Perceived Restorativeness Scale）とは，スウェーデンの心理学者であるハーティグら（Hartig et al., 1991, 1997）らによって開発された質問紙です。環境の有する回復特性（私たちに作用し，心理的な回復をもたらしてくれるような環境が有している性質）について調べることができます。SD法との違いは，SD法が単にその環境がどのようなものであるのかを，人間の認知・認識を通じて調べようとする目的で用いられるのに対して，PRSは環境が有している回復特性を調べることのみに特化している点が異なります。また，PRSはすでに紹介したカプラン夫妻の注意回復理論の考え方を基本としており，回復環境であるための4要件（逃避 [being-away]，魅了 [fascination]，拡がり [extent]，適合性 [compatibility]）に関わ

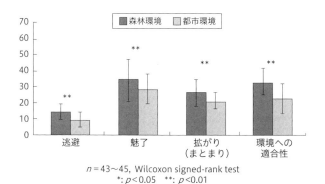

▲図4-7　PRSの各指標と実施例（高山，2012を改編）

る質問をすることで，環境が有している回復特性をそれぞれの要件に対する得点から評定できます（要件のうち「拡がり」については「まとまり」「視野」などに分割して調べる試みがなされています）。実のところこの PRS については，ハーティングらが作成しているオリジナルにはいくつか改良版があるのですが，芝田・畑ら（2008）によって信頼性，妥当性が確認された PRS 日本語版が存在していますので，それを使用することが可能です（図 4-7）。

(4) POMS

POMS（Profile of Mood States）とは，マクナイアーら（McNair et al., 1992）によって開発された質問紙で，日本語では「気分プロフィール調査票」といわれています（横山，2005）。リラックスや回復した程度を気分の面から調べるために用いられる代表的な質問紙です。その使われ方ですが，SD 法や PRS と異なり，一度の調査で任意の環境の評定を行うのではなく，むしろある環境を体験する前後において，どの程度，気分の状態が変化したのかを調べることを目的として使用されることが多いようです。POMS では，「緊張－不安」「抑うつ－落ち込み」「怒り－敵意」「活気」「疲労」「混乱」といった 6 つの気分に関する指標を調べることが可能です（図 4-8）。設問が 65 項目の正規版のほかに，30 項目から構成される短縮版が存在します。

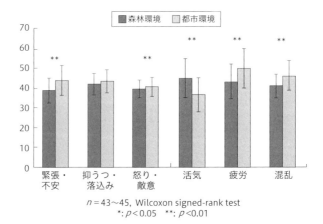

▲図 4-8　POMS の各指標と実施例（高山，2012 を改編）

また，さらに近年，POMS2（Profile of Mood States 2nd Edition）として「友好」尺度を追加し，一部尺度を変更した新バージョンが発表されています。13 ～ 17 歳を対象とした青少年用と 18 歳以上を対象とした成人用の 2 バージョンがあり，それぞれ設問も 60 項目と 65 項目（短縮版はそれぞれ 30 項目と 35 項目）と若干異なります。

(5) STAI

　STAI（State-Trait Anxiety Inventory）とは，シュピールバーガー（Spielberger, 1983）によって開発された質問紙で「状態不安（特定の場面で一過性に感じられる不安）」と「特性不安（状況要因に影響されず長期的に感じている不安）」を測定でき，日本語版も数種類存在しています（肥田野ら，2000）。このうち，心理的な回復の状態を調べるために使われるのは，一過性的に感じられる不安を調べることができる状態不安のほうになります（図 4-9）。STAI は POMS と同じく，主に特定の環境の体験前後に被験者に回答を求め，それぞれの結果を比較することで，任意の環境の有する不安感を調べることを目的として使用されることが多いようです。実感的にこの質問紙はネガティブな環境を体験してもらう場合や，どちらがよりネガティブな環境であるかを比較するのには非常に有用な質問紙だと思いますが，質問紙の性格もあるのでしょう，どちらがポジティブな環境かどうかを

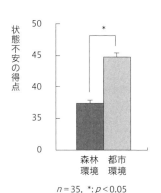

$n = 35$, *: $p < 0.05$
Wilcoxon signed-rank test

▲図 4-9　STAI（状態不安）における不安感の比較（池井ら，2014 を参考に作成）

測定するような場合には，他の質問紙と比較して多少検出力が劣るように思います。

(6) ROS

ROS（Restorative Outcome Scale）とは，フィンランドの環境心理学者であるコルペラら（Kolpera et al., 2008, 2010）によって開発された質問紙です。設問項目が6項目（英語版，フィンランド語版には9項目版もあります）と非常にシンプルな設計になっており，藤澤・高山（2014）によって信頼性，妥当性が確認された日本語版もあります。無料で使用できますし，項目数が少なく被験者への負担も小さいことから，今後，拡がりが期待できる質問紙の1つです。このROSですが，もともとは前出のカプラン夫妻らの注意回復理論を出発点とし，心理的な回復の程度を測定するための質問紙として作成されたのですが，PRSの設計思想が注意回復理論に忠実にあることを目指したのに対して，ROSはPRSとは全く異なる視点から，被験者の自己申告を通じて心理的回復の程度を測定することを目的として作成されました。したがって，出発点は同じだったはずなのですが，設問数，内容などその様相はかなり異なります。使われ方については，やはり質問紙の特性上，POMSやSTAIと同じく，任意の環境を体験

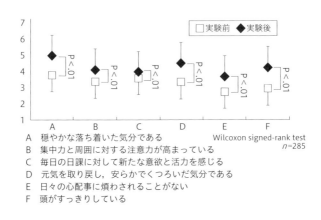

A 穏やかな落ち着いた気分である
B 集中力と周囲に対する注意力が高まっている
C 毎日の日課に対して新たな意欲と活力を感じる
D 元気を取り戻し，安らかでくつろいだ気分である
E 日々の心配事に煩わされることがない
F 頭がすっきりしている

Wilcoxon signed-rank test
n=285

▲図4-10　ROS：少ない設問項目で被験者の負担を最小限にして心理的状態の測定が可能（藤澤・高山，2014）

する前後に被験者にそれぞれ回答を求めることが多いです。そして，その差を調べることで環境が私たちに与えてくれる心理的な回復力について調べることが可能です（図4-10）。

（7）その他の質問紙

　その他の日本語版があるもので自然地の調査に用いられる質問紙を簡単に紹介します。心理的な状態を調べる質問紙は，信頼性と妥当性が確認できれば目的に応じてさまざまに作成できるといった柔軟性を持つため，上記で紹介した以外にも多くのものが作成されています。たとえば，6項目で主観的な活力感の高低を把握可能なSVS（Subjective Vitality Scale；活力感指標（高山，2015）），カプラン夫妻らの注意回復理論をもとにして，日本人の特性に合うように指標の取捨選択を行い回復環境の測定を可能とした注意回復尺度（尾崎ら，2008）などがあります。また，SD法と同じような使い方が可能で，紙面上に配置された10cmの直線の左端から右端の間に任意に線を入れてもらうことで，質問項目に対する回答者の状態を調べることが可能なVAS（Visual Analogue Scale；たとえば，辻裏（2013）など）や，POMSと同様に気分の状態が測定可能で，しかも無料で使用できるTMS（Temporary Mood Scale；一時的気分尺度（徳田ら，2011）），感情についてポジティブ・ネガティブの両面から測定できるPANAS（Positive and Negative Affect Schedule（佐藤ら，2001））など，測定の目的に応じてさまざまな質問紙を選択できます。

（8）描画法

　目の前に存在する環境の認知・認識を量的に調べたい場合にはSD法やPRSが有用ですが，"富士山のイメージ"のような個々人の記憶に根差す心的表象を比較可能にするためにはどうすればよいのでしょうか。仮に質問紙を作成して直接回答を求めることも可能ですが，それだと回答者の意識に浮上した物象の情報しか得られないことになってしまいます。ここでもし，潜在的に懐いているイメージも同時に抽出することができれば本質的な分析に迫ることができることになります。描画法はその有効な手法の1つだといえます。あるテーマについて絵を描いてもらうことで，顕在的・潜在的なイメージを取り

▲図 4-11　描画実験の例（上田・高山，2012 を改編）
絵の上手い下手に関係なく顕在的・潜在的な情報の収集ができる。

出し比較することが可能になるのです（図 4-11）。たとえば，森林の
描写をしてもらうことでドイツと日本の森林に関するイメージを比較
した上田（2006），森林と森林浴のイメージの違いを分析した上田・
高山（2011）の例などはそのよい事例だといえます。しかしながら，
すぐに数値化できる量的把握のための質問紙と異なり，絵という質的
な情報を分析することになるので，分析者に一定の訓練が必要になる
という点で注意が必要です。

2．自然環境の分析

　質問紙などによって調査を行ったあとは，調査で得られた情報の分
析を行います。分析する方法を大きく分けると 2 通りの方法があり
ます。量的な情報を扱う定量分析と質的な情報を扱う定性分析です。
いずれも比較可能な形に情報を整理して分析を行うのですが，どのよ
うなアウトプットを求めるのかよって分析方法はさらに細分化される
ことになります。

(1) 定量分析
①意味のある差かどうかを調べる
　たとえば，自然環境が本当に心理的に回復をもたらしてくれるのか
どうかを調べるためにはどうすればよいのでしょうか。「自然環境」

と私たちの多くが日常生活を行う「都市環境」（自然環境と比較する対照とする場合，科学の世界ではコントロールと呼ばれる存在として扱われます）の２つの環境を比較して，もし自然環境のほうでより評価が高ければ，そちらがより回復効果の高い環境であったといえるでしょう。また，自然環境の「体験前」と「体験後」における気分や感情，心理状態の変化を比較することで，もし「体験後」に各々が改善されていれば，やはり自然環境には私たちを心理的に回復させる力があったといえそうです。このような比較方法は実際の研究現場で頻繁に用いられるのですが，ここで１つ重要な点があります。そうです，環境の比較でも体験前後の比較でもよいのですが，比べて差があったというからには，なんらかの客観的な基準が必要になるのです。統計学ではこれを「有意差」と呼びます。この有意差を極端に単純化して説明すると，100回比較して比較する２群が同じになる確率が５回未満（すなわち５％未満）であれば，統計的に意味のある差（すなわち「有意差」）として考えてよいとする決まりごとがあります（実吉，2013）。科学の世界ではこの有意差の有無によって比較結果の確からしさが検証されることになるのです。

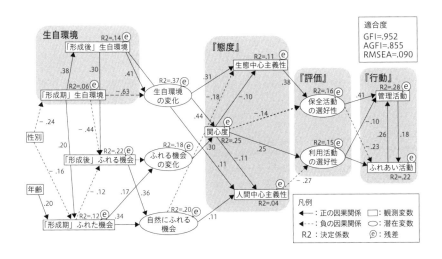

▲図4-12　共分散構造分析の例（高山ら，2007）

生自環境（生活域の自然環境）やそこで自然にふれる（た）機会がどのようなプロセスを経て自然の管理活動やふれあい活動につながるのかに関する因果関係を整理している。

②因果関係を視覚化する

　また，調査で得られた情報は比較するだけでなく，統計的技法を使うことでそれぞれの要因の因果関係などを視覚的に整理することも可能です。図4-12はかつて著者が行った調査の分析結果で「共分散構造分析」という手法を使ったものです。過去や現在の居住地周辺の自然環境がどれだけ自然環境に対する関心や行動に反映されているのかについて調べた研究です。ここでは，それぞれの因子の因果関係を線分（パス）の有無で，またその強さをパスの線の太さや数値，矢印の方向によって表しています。このように視覚的に因果関係を表すことで現象全体の理解がしやすくなります。また同時に，分析者が考えていた問題の構造性に関する仮説を，統計的な手法によって客観的に証明することが可能になるのです。

（2）定性分析

① GTA

　定性的な分析とは一体どのようなものをさすのでしょうか。ここではグラウンデッド・セオリー・アプローチ（Grounded Theory Approach：GTA）の技法を援用した事例を紹介します。もともと，国内では看護および臨床分野において発展してきた分析方法なのですが，非常に簡単にいってしまうと，インタビューで得た情報やアンケート調査などを行った際の自由記述欄に書かれた感想などの質的な情報（数値情報でない言語情報などのこと）を分析対象として，得られた文章などから言葉を切り出し，丁寧に整理していきます。用語の海の中に一定の秩序を構築し，解決すべき問題についての仮説的な理論を構築しようとする分析方法です。環境心理学の分野では，高山ら（2011）が快適な森林浴ができる森林環境を設計するために，実際に森林浴を行った利用者の意見や感想を収集して，質的な情報を対象に，さまざまな要因の因果関係を整理して仮説的理論モデルを作成し，快適な森林浴環境のイメージを明らかにした例などがあります（図4-13）。

② LIST

　先に紹介した描画調査で得られた質的な情報はどのように分析すればよいのでしょうか。これにもいくつか分析方法があるのですが，こ

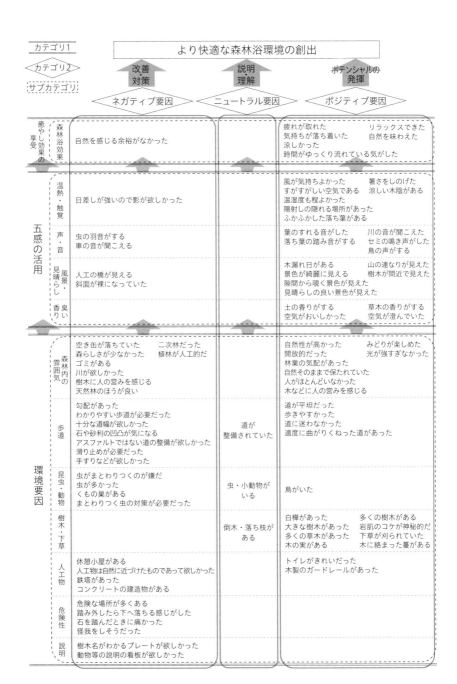

▲図4-13　GTA（グラウンデッド・セオリー・アプローチ）を用いた分析例（高山ら，2011）
ヒアリング調査や記述式アンケートから，より快適な森林環境の創出に向けた改装構造をモデル化した。

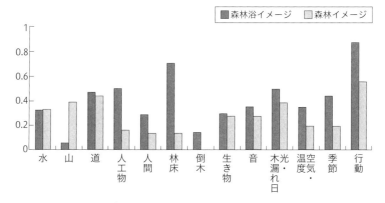

▲図 4-14　LIST（Landscape Image Sketching Technique）による分析
（上田・高山，2012 を改編）

描画に描かれた物象から森林浴と森林に関するイメージの比較ができる。
こういった情報を分析することで，自然環境に求められているものを明ら
かにしたうえで，現場の計画やデザインに応用できる。

　こでは代表的な例として「風景イメージスケッチ手法（Landscape
Image Sketching Technique：LIST）」を用いた分析手法を紹介した
いと思います。LIST とは人々が頭に思い描く風景イメージを象徴的
な位置シーンの描画としてまず描いてもらい，そこから風景イメージ
の空間的構造と意味的構造を読み取る手法です（図 4-14）。まず，調
査対象者に描いてもらった風景イメージの描画を構成する要素の種類
と，その形態や大きさに現れる画面の距離や向きを整理します。これ
によって，描画上の構図に現れる視点の位置から，風景イメージに投
影された描画者と環境との心理的な関係性を読み解くことが可能にな
ります。またさらに，その環境が持つ描画者にとっての意味を，イメー
ジスケッチ全体の風景構成から明らかにできます（上田・高山,
2011）。風景を構成する要素を抽出して，その出現頻度を数えたり，
割合を算出したりすることで数値化できますので，他の対象との比較
（たとえば，図 4-14 の森林イメージと森林浴のイメージとの比較）
が可能になります。また，必要に応じて主成分分析（日本建築学会,
1987）のような多変量解析を用いたより深い分析もできるでしょう。

3節　学んだことが活かせる仕事

　次に，環境心理学という専門を学んだ人が自然環境に関わる仕事に就きたいと考えた場合，現状ではどのような仕事があるのでしょうか。筆者の知る限りを正直にお伝えすると，現在のところ，自然保護官や森林官など一部の生活・身分保障のある公務員らを除いて，それだけで生計を立てていくのは難しい状況にあるといえそうです。その理由ですが，自然環境は私たちが生きていく基盤となる地球温暖化防止や生物多様性，その他の生活の基盤を提供してくれていますが，基本的に建築物や道路を作ったりする場合を除いて，それそのものはほぼ経済活動の外部にあるからです。つまり自然を保全したり適度な利用を促したりする活動はたいへん重要であるのにもかかわらず，自然自体は都市など人の活動が多い場所と比べると，あまり経済的な利益を生み出す場にはなりにくいのです。したがって，どうしても税金などの公的資金によって維持運営されることが多く，一部の人以外は，趣味的に関わったり，兼業などを前提に仕事として携わったりという状況にならざるを得ません。しかし，もし普遍性のある理論や原理原則を通じて，私たち人間の心理的な特性を理解したうえで，自然環境を保全したり，適切な関わり方について考え導いてくれたりする人がいれば，私たちやその集合体である社会は，理論的な礎を有するその人に対して安心して公的な資金を委ねることができます。また，もしそういった人材がいれば，現場の自然に詳しい人たちと連携して，状況に応じて合理性の高い自然地の環境を設計したり，画期的なプログラム・メニューを提供したりすることが可能になるでしょう。ここでは，環境心理学を学んだあとで，自然環境の利用や保全に関わる仕事に就きたいと考える人のために，主だった仕事について紹介したいと思います。

1. 自然保護官

　環境省の技術職員でレンジャーともいわれます。技術職の試験を受け，総合職および一般職で入省した技術職員のことをさします。勤務場所は，本省のある霞が関や地方環境事務所，または全国各地に33か所（2017年6月末現在）ある国立公園などです。特に総合職（過

去の国家 I 種に相当）のレンジャーは転勤も多く，国会対応や霞が関内の人事交流で他省庁に出向することになったり，自然とはあまり関係ないところで事務官と同様な仕事をしていたりします。その点では一般職（過去の国家 II 種に相当）の職員のほうが現地に出られる機会が多いようで，最近では大学院卒であっても現場志向の高い人の中には一般職での受験・採用を希望する人もいるようです。

2. アクティブ・レンジャー

一方，現地の自然環境の保全や利用の促進に関わる仕事として，アクティブ・レンジャー（自然保護官補佐）という仕事があります。国立公園や希少野生生物の現地管理業務を行う環境省の自然保護官の補佐役的な役回りで，公園内のパトロールや利用者への指導，調査研究，自然解説など，主に屋外における現場業務を担うことがその仕事です。現地に派遣された環境省の自然保護官が会議や許認可などの室内業務に追われ，自然保護地域の現場で行うパトロールや利用者指導，自然解説などの業務に手が廻らないことがあります。このような状況を解決するために，現地にてアクティブ・レンジャーを自然保護官の補佐として雇用し，現場に配属することにより国立公園などの現場管理業務を充実させるために設置された職種になります。ただし，アクティブ・レンジャーは非常勤で年次契約のことが多く，雇い入れの期限も決まっているため，生活設計には工夫が必要になるでしょう。募集は，環境省や地区環境事務所のホームページなどで行われています。

3. 森林セラピーガイド／森林セラピスト

特定非営利活動法人森林セラピーソサエティが認定する民間資格で，2017（平成29）年6月現在で全国に62か所が認定されている森林セラピー基地・ロードを主な活躍の場としています。森林セラピーガイドは，森林を訪れる利用者に対して，森林浴効果が上がるような散策や運動を現地で案内できるガイドのことです。森林に関する知識に加え，森の回復効果についての生理，心理学的な知見を有しており，来訪者に対し，安心・安全な森林体験を提供し，森林環境内での歩行や運動・レクリエーション活動などを通して，正しい森林浴の方法を助言することがその職能です。また森林セラピストとは，森林セラピー

森林浴で心も身体も元気に回復

ガイドの上級資格で，森林を訪れる利用者に応じて適切なプログラム
を提供し，効果的なセラピー活動の推進を行う指導者のことです。森
林セラピストには森林環境や森林浴に関する知識に加え，健康科学や
心理学などの専門的な知識や，高いコミュニケーション能力を有する
ことが求められ，利用者に対して，質の高い保養プログラムを提供し，
森林セラピーの実践を指導することになります。資格を取得したい場
合，以前は試験制だったのですが近年は通信教育による方式になって
いるようです。興味のある方は詳細を森林セラピー総合サイトで確認
してください（http://www.fo-society.jp）。

4．森林インストラクター

　全国森林レクリエーション協会主催の資格試験で，ペーパーテスト
の1次試験と実技・面接からなる2次試験（有料の講習を受けるこ
とで実技試験が免除されます）を経て認定されます。職務内容として
は，森林を利用する一般の人に対して，森林や林業に関する適切な知
識を伝えるとともに，森林の案内や森林内での野外活動の指導を行う
ことが求められます。1次試験では，森林・林業・森林内の野外活動・
安全および教育の4科目について筆記試験が行われるなど幅広い知
識が求められますが，まさに森林環境の利用に主眼をおいた資格です
ので，環境心理学を学んだ人がさらにこの資格を取得することで，さ
らに一歩進んだインストラクションが可能になるものと考えられます。
詳細については全国森林レクリエーション協会ホームページにて確認
してください（http://www.shinrinreku.jp）。

5. 自然観察指導員

　自然観察指導員とは日本自然保護協会（NACS-J）の主催する制度で，指導員として地域に根ざした自然観察会を開き，自然を自ら守り自然を守る仲間をつくることを目指して活動できるボランティアのことを意味しています。登録には，1泊2日で開催されている自然観察指導員講習会を受講し登録申請する必要がありますが，他と比べると比較的なりやすい制度だといえるかもしれません。NACS-Jの会員である間は，登録が継続されます。詳細については，NACS-Jのホームページを確認してください（https://www.nacsj.or.jp）。

6. 研究職

　最後に，研究職について紹介します。自然環境の保全や利用に関わる仕事への就職という点で考えた場合，大きくは3つに分かれるでしょう。1つは大学の教員になる，次に国立研究開発法人（旧独立行政法人）のような公的な研究機関に就職することです。また，3つめの選択肢として，一般財団法人自然環境研究センター（http://www.jwrc.or.jp）などの自然環境に関わるコンサルタント会社に入り，研究活動と並行して現場との積極的な関わりを続ける人もいます。現在の研究職への就職に関しては，基本的に博士号が必要です。そのためには，まず，大学院の博士課程に通学して博士号を取得（課程博士）する必要があるのですが，博士号の取得までには，かなりの時間と費用がかかることもあり，一時期に比べて昨今では希望者が減る傾向にあります。またはこれまでの研究業績をまとめ，博士号に値する論文を提出して各大学の審査を経て学位を取得（論文博士）する方法もあります。

4節　おわりに

　本章では，まず冒頭で環境心理学が自然環境と私たちとの複雑な関係性（＝もつれた糸）を解きほぐし，自然との関わり方について理解するよい手法であることについて触れました。次に，自然環境との関わりについて調べるために用いられる主だった心理学的な調査手法や

分析方法についても紹介しました。しかし，すでに気がついた人もいるかもしれませんが，実は本章で紹介した手法は自然環境だけではなく，都市環境の調査においても使用・応用することが可能なものばかりです。ぜひ，卒論やレポート執筆などの機会があれば個々人の興味に応じて使用してみてください。また，最後に環境心理学分野で学んだことが活かせる職種について紹介しました。今回は特に自然そのものが仕事の現場となる仕事に視点を当てて紹介しましたが，実際には，都市部でも建築家やランドスケープ・アーキテクト，インテリアデザイナーなど自然要素を扱うさまざまな職種があります。そういった職業に就いた場合には，環境心理学で学んだ自然と人間の関係性に関する知識が，みなさんの将来における各々の挑戦的な試みに理論的な裏付けと勇気を与えてくれることになるでしょう。

自然環境をデザインする

　筆者は造園学分野でランドスケープ（景観評価・設計）について学んだあと，さらに心理や行動の面から人間と環境の関係について理解したいと考え，環境心理学の門を叩いた過去があります。その後，研究者の道に進み，現在は国立研究開発法人森林研究・整備機構森林総合研究所という森林・林業，木材のことを研究する職場に在籍し，森林環境の有するリラックス効果や心身への回復効果について調べたり，そのような経験や研究蓄積を生かして，医療施設における外庭や自然地の設計・デザインに関わる仕事をしたりしています。ここでは，いつもの研究者の立場を少し離れて，実務的な点で環境心理学を学んだことで役に立っていると思えること，および現場でいつも感じていることについて紹介したいと思います。

● 環境デザインに活かせる環境心理学 ─────────────

　まず，一般的に建築や造園といった環境デザインの領域では，施主の要望を把握したうえで，設計者のセンスや感性によって計画・デザイン案が決められていくのが一般的です。ここで，個人や特定の集団が使用するような施設・庭園などであればそれでもよいのですが，たとえば都市の複合商業施設やセミパブリックなオープンスペース，あるいは国有林（国が所有・管理する森林です），国立公園，国定公園などの自然公園における遊歩道など，不特定多数の人々が使うような場所では，公共事業として限られた予算の中で，健常者だけでなくお年寄りから子ども，障がい者などさまざまな人が利用でき，しかも楽しんでもらえるよう工夫する必要があります。

　また公共事業であるからには，設計の思想や案を客観的な論拠とともにクライアントに説明する必要があるのですが，それがうまくいかないとひとりよがりであるととらえられ，外見的にどんなに素晴らしい設計・意匠案であっても，依頼主はもとより社会的な合意が得られなかったり，また多額の税金を投入する必要があるような場合には，その案自体が実現できないことになってしまうこともあるのです。本来，理論と実践はよい計画・デザインが成立するために必要な車の両輪です。また，同じ両輪でも，まず，理論があってそのうえでデザインなどの実践がなされるのが合理的です。これについては，著名なランドスケープ・アーキテクトの1人でもあるエクボ（Eckbo, 1971）も指摘していました。

　しかし，残念なことに，多くの現場では，設計者の理想や思いが先行し過ぎることがあり，その結果，偏った実践が行われてしまうこともあるのです。つまり時として先に述べたような問題を引き起こすトリガーとなっ

てしまうのです。しかし，もしここで設計者が自分の考えを相対化し，アイデアやデザイン極端な偏りが生じていないかどうかについてチェックする方法を有していたらどうでしょうか。おそらく，一度陥りそうになった偏りが修正されるよい機会になるでしょう。

　私の場合には，環境心理学の知識や理論を学んだことによって，その計画・デザインにどのような心理学的な意味があるのか，またその意味や有用性は本当に客観的な論拠に基づいて説明できるのか，などについて問い直すためのよい基準点になっているように思います。つまり環境心理学で学んだ知識・技法が個人的な迷走を阻止するための装置として機能してくれているといえるでしょう。

◉ 森林ガイドにも活かせる環境心理学

　次に，現場でいつも感じている話です。自然地を訪れると，来訪者がより豊かな自然体験ができるようサポートしてくれる森林インストラクターや森林セラピーガイドといった資格をもった自然地をガイドしてくれる人々がいます。利用した経験のある人もいるかも知れませんが，初めて現地を訪れるなど，経験の少ない自然地でより安全かつ快適に楽しみたい場合，ガイドはとても頼りになる存在です。

　彼らはもともと，自然観察や山歩きが好きだった人が多く，趣味が高じてそれら資格の取得にいたった場合も多いのですが，自然好きな彼らも，来訪者に対して自然のリラックス効果や回復効果について解説するには人間のことを知っておく必要があり，資格を取得する過程で自然と人間との関わりについて生理的・心理学的な知識などを学びます。しかし，こういった人々は，もともとの興味や入口に由来して，樹木や植物・動物に関する知識は大変豊富なのですが，人間の行動・心理に関する知識については，

長野県上松町赤沢自然休養林の例
高齢者や子ども，ハンデのある人でも自然散策が楽しめるよう，一部の散策路を乳化アスファルトや木道，ウッドチップなどでバリアフリー化する場所が増えてきている。

体系立って学んだ経験があまりないため，かなりの部分で個々人の勘や経験頼みになってしまっていること多いのも否めません。つまりどうしても知識や関心のうえにおいて"自然・森林＞人間・来訪者"といった構図になってしまうのです。

　しかし，本当の意味で当該自然環境を満喫してもらうためには，来訪者に動植物を解説したり自然の大切さを滔々と説くだけでなく，自然環境を来訪者の立場になって楽しんでもらったり，くつろいでもらえるように工夫するがあります。そのためには，もっと人間について興味をもち，その気持ちや行動を理解したうえで自然のことについても考えられる素養をもった専門家の存在も不可欠だと思うのです。念のためにお断りしておきますが，これは目下現場で頑張っている人たちを否定するものではありません。これはバランスの問題です。

● 自然地での設計・デザインの現場への
　　さらなる展開につながる環境心理学

　環境心理学は心理学の１分野です。したがって基本的に環境心理学を学んだ（学ぶ）人は，心理学を通じて基本的な知識や理論を習得し人間について理解したうえで，専門領域の１つとして環境と私たちの心理的な関わり方の体系について学ぶことになると思います。もし，そういった専門的な知識や理論を学んだ人たちが，上記のような資格を取得し，自然地の現場で活躍することになれば，（もちろん，今度は自然のことを勉強する必要がありますが）これまで学んだ理論や知識を駆使し，現在現場で奮闘中のガイドの人たちと協力し合うことが可能になり，さらに来訪者を楽しませるような解説やパフォーマンスが可能になるでしょう。またそれだけでなく，興味や職能の異なる人たちの間で議論を重ねることで，さらに楽しいプログラム・メニューの開発や提供できたり，安全で快適な自然地の設計・デザインの現場へのさらなる展開に繋がったりすることが期待できます。

森林セラピー基地®

長野県信濃町では町独自の取り組みとして森林療法や森での免疫療法・信濃町独自の療法を行なう森林メディカルトレーナーを養成している。このように各地でさまざまな人材養成の試みが行われているが，現状では残念ながら環境心理学的なアプローチを踏まえた研修などは少ない。

第5章

地球環境問題の心理学

活かせる分野

　「Think Globally, Act Locally（地球規模で考え，地域で行動しよう）」という言葉を聞いたことがあるでしょうか。誰が最初にこの言葉を言ったかは諸説あるようですが，1970年前後に拡がったことは間違いないようです。ジョン・レノンやオノ・ヨーコ*もこの言葉を使ってメッセージを送っていました。当時は，大気汚染などの公害が世界中で深刻な問題となっていました。時代はまだ冷戦下で，ベトナム戦争の爪痕もあり，平和の尊さを訴える活動も盛んになっていた時期でした。オイルショックもあり，限りある資源を有効利用しようという機運も芽生えていました。

　それから半世紀近く経ちますが，今日なお，冒頭の言葉は私たちに重い意味を伝えているのではないでしょうか。当時はまだ地球温暖化とか気候変動という言葉はあまり知られていませんでした。太陽光発電や風力発電など再生可能エネルギーの技術も実用化にはほど遠く未熟でした。ここ数十年の科学や技術の進歩はめざましいものがあります。世界中の情報が瞬時に届くようになりました。しかし，私たち人間の視野の広さ，思慮深さ，そして行動はどれほど変わったでしょう

---

* 若い読者のために補足すると，ジョン・レノンはザ・ビートルズという世界的に有名なロックバンドのメンバーとして活躍した人で，オノ・ヨーコはジョン・レノンの妻で芸術家。2人とも平和運動にも取り組んでいました。

か。「環境問題？　何だか大事そうだね。」と思ったとしても，実際に
どれだけ日常生活の行動と結びついているでしょうか。

　こうした世界の潮流や変化は，心理学とも無縁ではありません。あ
とで紹介する環境配慮行動研究は 1970 年代から急激に増えていきま
す。次に述べる「共有地の悲劇」をめぐる研究も，心理学はもちろん，
経済学，社会学，政治学，人類学などで，20 世紀後半から盛んになり，
今日なお，人文・社会科学の一大テーマとなっています。本章ではこ
れらを紹介していきながら，現場でどのような取り組みがされている
かについても紹介していきます。

1節　共有地の悲劇と社会的ジレンマ

　まずは次のような寓話を読んでみてください。

　あなたはある村の羊飼いです。この村の牧草地は共有で，誰でも自由に
使うことができます。羊を増やすほど羊毛が売れるため，できるだけ多く
の羊を増やしたいとあなたは思っています。もちろん，他の村人もできる
だけ羊を増やしたいと思っています。ところが，羊が増えすぎると，共有
牧草地の草を羊が食べ尽くしてしまい，草の再生が間に合わず，その結果
羊が育たなくなってしまいます。そうなればもちろん誰も儲けることがで
きなくなります。みんなが自分の利益のために自由に競争した結果，共有
牧草地が枯渇し，誰もが儲けることができなくなってしまいました。

　この物語は「共有地の悲劇」と呼ばれています（Hardin, 1968）。
この“共有地”には，地球規模の資源，大気や水などから，ローカル

なごみ問題や公園まで幅広い環境問題にあてはまります。たとえば，高度経済成長期の公害の時代は大気汚染が深刻でしたが，今日でもPM2.5 など国境を越えた大気の問題があります。何よりも，地球温暖化や気候変動＊は，世界で共通して取り組まなければ解決できない今日的な問題です。ごみの適正分別排出やポイ捨てについては，今なお地域で最もよく話題に上る問題の１つです。買い物をするともらえるレジ袋も，１枚くらいは大したことがなくても日本全体では年間１人あたり 24kg 消費しており，これは全体として積み上げると大型タンカー２艘分の石油に相当します。いずれも，自分だけ得をすればよい，面倒なことはしたくない，１人くらい協力しなくても大した影響はないなど，一人ひとりが非協力的な行動をした結果，その集積として生じる問題です。

　心理学では，「共有地の悲劇」と似たような問題を「社会的ジレンマ」と呼んでいます。社会的ジレンマとは，一人ひとりが自己利益を追求した結果，社会全体に不利益をもたらし，巡り巡って個々人も損をするという状態です（Dawes, 1980; Yamagishi, 1986; 大沼, 2007）。

　さて，このような共有地の悲劇や社会的ジレンマの問題に直面したとき，どうしたらよいでしょうか。ここでは環境問題に絞って大きく２つのアプローチを紹介します。１つは，一人ひとりの行動が環境に配慮したものになるためにはどのように働きかけるのが有効だろうかと調べていくことです。これを「環境配慮行動促進アプローチ」と呼んでおきます。もう１つは，環境を保護できるよう社会全体の制度などルールを変えていく「制度的アプローチ」です。後者の制度的アプローチは，経済学や政治学などの守備範囲だと思われていることも多いようですが，心理学ならではの貢献もできます。これについては，実際にどのように仕事をしてきたかとあわせて紹介します。大事なことは，環境配慮行動促進アプローチと制度的アプローチの両方がバランスよく進んでいくことです。いずれか一方だけではうまくいきません。どれだけ多くの人が環境にやさしい行動をしたところで，社会全

＊ 地球温暖化には懐疑的な見方もあるようですが，過剰な人為的な営みにより大気や海流などの循環や自然生態系が自然による変化を超えて大きく影響され，そのことにより地球全体のバランスが崩れ，局所的な異常気象をもたらすなど，人間社会にも深刻な問題を及ぼすリスクが高まっているという点では，科学者の見解はおおよそ一致しているようです。

体の仕組みが整っていなければ徒労に終わってしまうかもしれません。逆に，いくら立派な制度をつくったとしても，多くの人々がそれに納得し，実行しようとしなければ絵に描いた餅になってしまいます。この両方を考えながら現場で問題解決を進めていくには，個人と個人を取り巻く社会環境の両方をとらえようとする環境心理学の考え方が役に立ちます。

　以下で，この2つのアプローチについてお話ししていきます。

2節　環境配慮行動促進アプローチ：環境配慮行動を促進するために

1．環境配慮行動にいたる段階

　まずは，どうすれば一人ひとりが環境に配慮した行動ができるようになるのかを考えてみましょう。広瀬（1994）は大きく2つの段階に分けて考えました。さらに，その発展形ともいえるステージモデル（Bamberg, 2013）が，現在では環境配慮行動研究分野ではよく使われています。その段階を追って見ていきましょう。

①環境にやさしい行動をしようという態度形成の段階

　そもそも環境にやさしい行動をとろうという目標設定ができなければなりません。これを「目標意図」といいます。そもそも環境問題が深刻だ，自分も何かしなければと思えなければ目標意図は形成されません。

②目標から行動へつなげる段階

　環境に配慮したことをしたい，悪い影響は与えたくないという目標意図があるのにもかかわらず行動に結びつかない人への対応です。そこで，目標意図はあるのに行動に結びつかない場合にどうしようかという研究が多くなされてきました。この目標意図と行動をつなぐ間にある，特定の行動をしようという意図を「行動意図」と呼びます。

③今だ，実行のときだ！：実行意図から行動へ

　ところが，行動意図が高まってもいざその場面になると行動が生じないという問題が指摘されてきました。そこで，いつ，どこで，どうやってという場面特定的に喚起される意図が行動を実行するか否かの決め手になるという議論がされてきています。これを「実行意図」と

| 目標意図 | ➡ | 行動意図 | ➡ | 実行意図 | ➡ | 行動 |

環境にやさしいことをしたい
という目標（ゴール）設定
・環境問題は深刻だ，放置し
てはいけない
・自分にも責任・義務がある

個別具体的な行動（e.g. 省エネ行
動をする，ごみ分別をする，地球
温暖化防止につながる商品を購入す
る，etc）をしようという意図の
確立
・環境への価値がコスト評価を上
回る
・自分の周囲の他者もやっている，
自分に期待している

実際の行動場面で発現する
・行動場面での手がかりへの
反応
・具体的に，いつ，どこで，
何をといった詳細な計画が
頭の中に形成され，特定の
場面で反応する準備ができ
ている

▲図 5-1　ステージモデル（Bamberg , 2013 をもとに作成）

呼びます。以上の段階を経て，行動にいたるステージモデルが検討さ
れています（図 5-1）。

　また，現実の行動場面では，意図に基づくというよりは，よく考え
ずになんとなく反応をしてしまうこともあります。このようなときに，
ちょっと考えてみるきっかけを与える手がかりについても後ほどお話
しします。

2. 目標意図と行動をつなぎ，行動意図を高める

　まずは，目標意図と行動をつなぐため，行動意図を高めるためにど
うすればよいか，次の 3 つについて考えてみましょう。

①行動の障壁となる要因（阻害要因といいます）を取り除くこと，ま
　た逆に，障壁を乗り越える動機づけを高めること
②社会的影響（周囲の他者からの影響）
③具体的な行動場面で容易に実行しやすくする仕掛けも必要

　これらについて順に見ていきましょう。

（1）行動の障壁となる要因を取り除く

　行動の障壁となる筆頭として，みなさんがまず思い浮かべるのはお
金でしょうか。一般に，お金を払ってもよいと思うかどうかは，支払
うお金とそれによって得られる対価（モノやサービス，自分の満足感

など）を自分の頭の中にある秤にかけて判断します。ゲームや自分の趣味などの娯楽に，大学へ行くのに，どれくらいのお金を費やしてもいいと思うかどうかは個人の価値判断と使用可能な金額に依存します。同様に，環境にお金をかけてもいいと思うかどうかは価値判断によるものなので，環境の価値を高く見積もるほど環境にやさしい行動をとろうとすることになります。そこで，環境によいものはお金のかからないように，環境に悪いものはお金がかかるようにという社会の仕組みをつくることも重要です。近年は，家庭で取り付けられる太陽光発電や高効率給湯器など省エネ機器が少しずつ普及しつつあります。日本では，これらの省エネ機器を導入する場合には補助をしたり税制を優遇したり，逆に環境に悪影響を及ぼすものには高い税金をかけるなどの制度が整ってきています。それにもかかわらず，家庭用省エネ機器はまだ十分には浸透していません。コバヤシとオオヌマ（Kobayashi & Ohnuma, 2016）は，上記のような家庭用省エネ機器を家庭に導入するかどうかの規定要因を調べてみたところ，費用に関する経済性の評価や実際の世帯収入は全く関連していないことを明らかにしました。どうやら，お金だけの問題ではなさそうです。

　別の阻害要因を探してみましょう。日常生活でできる環境にやさしい行動は，必ずしもお金のかかることばかりではありません。ごみを適正に分別し，排出時間を守ることと，これらをしないことでは，いずれもお金はかかりません。冷暖房を効きすぎないようにするとか，冷蔵庫に食品を詰めすぎないなどの省エネ行動に至っては，お金がかからないどころか家計の節約にもなります。ただ，ちょっと面倒だとか手間がかかるということがあります。心理学では，こうした手間や面倒もコストと呼びます。ヴィニングとエブリオ（Vining & Ebreo, 1990）は，自発的にリサイクルに取り組む人はほとんどコストを感じていないが，取り組まない人はコストを感じているという結果を示しています。みなさんの住むまちでは，家庭から出るごみやリサイクル品の分別は何種類くらいあるでしょうか。自治体によっては数種類くらいのところから，20 種類以上分別するところもあります＊。分別の少ないところから 10 何種類も分別するところへ引っ越してきたら

＊ 徳島県上勝町では 34 種類の分別をしています。

面倒くさいと思うかもしれません。逆に，10何種類も分別するところから数種類しか分別しないところへ引っ越したら大丈夫かしらと思うかもしれません。こうした手間や面倒といったコストは，あくまでも心理的に感じるものであって絶対的な基準はありません。つまり，コスト評価は個人差の問題だけでなく，社会の仕組みによって変化し得るのです。どうすればコスト評価を下げるような制度をつくれるかは，あとでお話しします。

（2）社会的影響を考える

　人は意識的，無意識的に他者からの影響を受けます。また，直接的に他者が存在していなくても，他者が行動した手がかりに反応することが知られています。たとえば，ごみのポイ捨てが多く散乱している場所ではさらにポイ捨てが増えること，逆に，きれいでごみ1つ落ちていないようなところではポイ捨てはされにくいことが知られています。これは，ポイ捨てがひどいところでは「ここではみんなもポイ捨てしているから自分もポイ捨てしてよい」と考えがちになり，逆に，きれいなところではきれいに保たなければという社会規範が働きやすくなるということです（Cialdini et al., 1990）。

　筆者が，以前，北海道開発局と一緒に仕事をしたとき，釧路から知床にいたる国道沿いを徐行してもらい，どういうところに空き缶やペットボトルなどのポイ捨てが多いかを調べてもらいました。その結果，花が植えてあったり，街路樹が整然としているところはほとんどポイ捨てがなく，逆に，膝から腰くらいまでの高さの草が無造作に茂っ

ていて手入れがなされていないところではポイ捨てが多いということがわかりました（北海道開発局，2009）。つまり，人の気配がなくても，人が手を加えて環境を維持していることがわかること自体がポイ捨てを抑制している可能性が示唆されました。他者の行動だけでなく，きれいな“場”をつくっていくことがポイ捨てのようなマナー違反を防ぐうえで大切なのです。

（3）現場の手がかりに反応する行動

　私たちの日常生活における行動は，いつも「〜しよう」「〜したい」という意図に基づいているわけではありません。むしろ，あまりよく考えずになんとなく行動してしまうことが多くあります。特に，習慣となっていることについては，いちいち考えずに自動的に処理をしています。行動意図があっても，また，大した阻害要因がないにもかかわらず，意図によらない行動が環境にやさしくないことをしてしまう場合があります。このようなときに，ちょっとしたきっかけを与えることで行動を変えることができます。そのことについて考えてみましょう。

　たとえば，みなさんがよく買い物へ行くスーパーでは，レジ袋をタダでもらえますか，それとも有料化されていますか。北海道や京都などでは，広域にわたってレジ袋の有料化が導入されていますが，日本全体で見るとまだタダでもらえるところのほうが多いようです。ただし，レジ袋を断るとポイントをもらえたり，値引きされたり，ポイントがたまるとちょっとした商品と交換できるというところは日本中に浸透しているようです。けれども，コンビニやドラッグストアではまだこうした取り組みもあまり浸透していません。レジ袋を無料でもらえる場合には，なかなかエコバッグ／マイバッグを持っていこう，レジ袋を断ろうとはなりにくいです。それでも，ちょっとした声かけでレジ袋の辞退率を増やすことができます。その事例調査を紹介しましょう。

【 レジ袋と声かけについての調査 】
　　まだ北海道でレジ袋の有料化が導入される前の話です。筆者らの
　研究グループは，北海道内の大手スーパーの協力を得て調査を行い

▲図 5-2　レジ袋利用の声かけの場面

ました。それまでは，店員さんが黙ってレジ袋を渡していました。そのときのレジ袋辞退率をベースレートとして数えました。それから，1 週間，「レジ袋をお使いになりますか」と店員さんに声をかけてもらい，お客さんが「はい」とか「ください」などというまでレジ袋を渡さないようにしました。その結果，レジ袋辞退率が約 25%から約 30% へと 5 ポイント上昇しました。また，同時に実施したアンケート調査から，それまでよく考えずについうっかりエコバッグを忘れたりしていたのが，声かけによって，考えて行動するようになったという結果も得られました（Ohtomo & Ohnuma, 2014）。

　このように，実際の行動場面でその瞬間に適切な手がかりを提供することで，ちょっとした行動を変えることができるのです。ただし，強い介入をしているわけではないので，より多くの人の行動を変えるにはこれだけでは限界があります。ちなみに，北海道内のスーパーでは，上記調査の半年後にレジ袋の有料化が導入され，現在では道内各地のスーパーで 90% 弱と高いレジ袋辞退率に至っています。

3 節　制度的アプローチ：実効性のある制度をつくっていくために

　環境に配慮した行動をとりやすい制度とはどのようなものでしょうか。すぐに思いつくこととして，環境に悪影響を及ぼすことには税金をかけるなどし，環境にいいものは減税するといった対策が考えられ

ます。もちろん，そのとおりなのですが，話は簡単ではありません。いくら環境のためにといわれても，ルールに納得できなければそのルールを守ろうとは思えません。実際，ある自治体では，レジ袋を有料化するという条例をつくったにもかかわらず，その条例に従わないお店が続出して条例がうまく機能しませんでした。他の店がレジ袋を有料化しているのなら，自分の店だけレジ袋を無料で配布して顧客を取り込んだほうが有利になるからです。明らかに健康を害する公害のような問題では強制力をもった制度をつくることが可能ですが，直接的に人に被害を及ぼすわけではない場合は，自主的な協力に頼ることが中心とならざるを得ません。しかし，誰もが協力しなければ，1節で述べたように社会全体として望ましくない帰結が待っています。どうしたらよいのでしょうか。

1. 二次的ジレンマと目標期待理論

1節で紹介した社会的ジレンマの話に戻ります。社会的ジレンマとは，一人ひとりが非協力的な行動をした結果，社会全体が不利益を被るという状況でした。そこで，社会的ジレンマ状況で，非協力をしたら罰するような制度をつくる，非協力を見つけられるよう監視をする仕組みをつくるなどが思いつきます。しかし，監視や罰則にはコストがかかります。共有地の悲劇を思い出してください。羊飼いたちが，他の人が羊を増やしすぎないようにお互いに監視しようというルールを決めたとします。しかし，他の人を監視している間に自分の羊の世話がおろそかになります。他の誰かが監視をしてくれるなら，自分は監視をせずに自分の羊を見ていたほうが得になります。しかし，そうすると誰も監視しようとせず，結局は監視というルールが機能しなくなります。このように，社会的ジレンマを解決するために社会構造（ルールや仕組み）を変えようとすると，ここでも協力しない人のほうが得をするという問題が生じます。これを「二次的ジレンマ」といいます。

しかし，人はいつも協力しないわけではありません。特に，自分が相互協力を望ましいと思えるだけでなく，他の人も相互協力のほうが望ましいと考えているだろうと期待できること，また，自分が協力したときに他者は搾取したりしないだろうと信頼できれば，相互協力が

達成しやすくなります。これを「目標期待理論」といいます（Pruit & Kimmel, 1977）。ヤマギシ（Yamagishi, 1986）は，一次（最初）のジレンマで相互協力の期待が形成できれば，二次のジレンマでも協力をするようになり，非協力が得にならないように社会構造変革が可能になるという二次の目標期待理論を提唱しました。とにもかくにも相互協力の期待を醸成することが重要なのです。では，どうすれば相互協力の期待を高めることができるでしょうか。そのためには「共通の目標をつくること」がカギとなります。

2. 対立的な論点を一段上の共通目標に変換する

　では，カギとなる「共通の目標をつくること」について，札幌市の家庭ごみ・資源収集制度の変更についての事例を紹介しながらお話ししていきます。

　札幌市では，2003年ごろから家庭ごみの有料化の是非をめぐって議論になっていました。ごみ有料化によりごみ減量につながるならば社会全体としては望ましい結果が得られることになりますが，個々人にとっては目先の負担が増えるように見えます（実際には，ごみが減量化されればその分財政負担が減り，そのことは個々人にも還元されるのですが，その恩恵は普通の人には実感しにくいですね）。各種の世論調査でも，有料化への賛成と反対とが拮抗していました（例，北海道新聞, 2007）。2005年度に札幌市の審議会でごみ減量化計画を策定することとなり，ごみの有料化についてもここで検討されること

▲図 5-3　市民参加による議論の様子

になりました。当時としてはまだめずらしく，審議会では市民参加により市民の意見を求め計画に反映させることにしました。

　この市民参加による議論の枠組みの作り方に工夫がありました。有料化の賛否について議論をするということを前面に出さず，審議会の目的はあくまでもごみ減量化につながる施策を打ち出すことなので，どうすればごみ減量化が実現できるのか，ひいては循環型社会を形成するためにどうすべきかという観点から議論をしてもらいました。その中では，有料化は数ある手法の1つに過ぎないという位置づけでした。実際，有料化のほかにも，分別収集区分や収集曜日の見直し，集団資源回収への補助金の増額などさまざまな施策が議論されました。このことを言い直すと，賛否の分かれる論点に焦点を当てるのではなく，誰にとっても望ましい共通目標を設定し，その目標を達成するためにどうすべきかという議論設定をしたということになります。これが功を奏して，有料化を含む新たなルールは多くの市民に受け入れられました。つまり，ごみを減量化し，資源循環型社会をつくるための総合的な施策を多くの人がよいものだと受容していたのです（大沼，2017）。もし，有料化だけに焦点を当てていたら，共通の目標がかすんでしまい，社会全体にとって何が望ましい姿でそのためにどうすべきかという視点が後退し，多くの人の協力を引き出せなかったかもしれません。

　実際，その後の調査からも，有料化だけに焦点を当てると賛否が拮抗したままでしたが，複合的な施策については多くの人が受容しており，受け入れられないという人はわずかでした（Ohnuma, 2009; 2012）。

　その後さらなる市民参加などを経て，2009年より新たなルールが施行されました。このルールでは，燃やせるごみと燃やせないごみは有料化されましたが，それ以外の資源回収物は有料化されませんでした。また，新たな分別区分も増え，それまでは燃やせるごみに混ぜられていた雑がみや枝・葉・草が独立して無料で回収されるようになりました。さらに，以前は，容器包装プラスチックが，びん・缶・ペットボトルと同じ曜日に回収されていたのが，回収曜日が分けられることになりました。このように，全体としてみると，分別の種類は増えたし，燃やせるごみと燃やせないごみが有料化されて指定袋を購入し

なければならなくなりました。つまり，個人にとってのコストは大きくなったのです。それにもかかわらず，札幌市では大幅なごみ減量化に成功しました（札幌市，2008-2015）。また，市政評価によると，ごみ対策は市民の満足度が最も高いものとして評価されています（札幌市，2007-2015）。2節の2．（1）で紹介した阻害要因が一見増えたようですが，札幌市民は積極的に協力してくれています。以上の成功の背後には，共通目標の共有化がうまくいったことがあると考えられます。

3．決定プロセスの重要性：手続き的公正

しかし，なぜコストが増えたにもかかわらず札幌市民は協力し満足しているのでしょうか。なぜ共通目標の共有化がうまくいったのでしょうか。もう少し掘り下げて考えてみましょう。

1つには，上で説明したように計画づくりの市民参加の場で係争的な論点ではなく共通目標に焦点を当てたことがあげられます。

しかし，一度限りの市民参加だけでは十分ではありません。新たなルールが導入されるまでのプロセスが重要だったのです。計画づくりの段階だけでなく，計画策定後も行政と市民の対話の場を設けたり，協働の活動をしたりとさまざまな取り組みが行われてきました。計画づくりのときには約500人の市民が議論に参加しました。計画策定後も市民意見交換会を223回開催し，延べ8,000人もの人が参加しました。並行して，説明会も2,700回開催し，出席者数は13万人にのぼりました。さらに，新ルール導入時には行政と市民が協働でごみステーション（ごみや資源を出すボックスや場所など）を見回る"ごみパト隊"などの取り組みも行いました。このような市民参加や協働の活動をしなくても，できたルールは同じです。しかし，同じ制度ができても，その実施にいたるプロセスによって市民が受け入れる程度が異なることが知られています。そのプロセスの評価を「手続き的公正」と呼びます。心理学の多くの先行研究で，同じ結果や決定であっても手続き的公正が異なると受容の程度が異なることが知られています（Lind & Tyler, 1988; Törnblom & Vermunt, 2007）。今回の札幌の事例でも，市民の意見が反映されたか，市民に発言の機会があったか，市民の代表と思える人が話し合いにしたか，行政は誠実に耳を

傾けたかなどの，手続き的公正の要素として重要だとされる要因が一貫して社会的受容を高めていました（Ohnuma, 2010; 2011; 2012）。どのようなルールかというルールの中身そのものも重要ですが，どのようなプロセスを経てそのルールが決定され，導入されたかがより重要なのです。

　計画づくりから施策の導入にいたる一連の過程全体を俯瞰し，その時そのときにすべきことを考案していくというプロセスデザインが制度的アプローチの肝なのです。

4節　おわりに

　この章では「Think Globally, Act Locally（地球規模で考え，地域で行動しよう）」から出発し，一人ひとりが環境に配慮した行動をとれるようになるためにはどうしたらよいか，また，よりよい制度を作っていくとはどういうことかについて簡単に紹介してきました。そのためには人の行動や認知のクセを知ること，それをふまえて社会のあり方をデザインすることが重要です。心の内側にある問題ももちろん大切ですが，心の外側にある私たちを取り巻く環境，特に日常生活空間にも目を向けることはもっと大切です。その環境がどのように私たちに影響しているのか，同時に，私たちの行動がまたその社会環境をどうつくっているのかを理解するという視点を忘れてはいけません。このような視点は現場の問題を考えるうえでとても助けになります。個人の心の内側だけを見ていても，大上段に制度設計だのと考えているだけでも，どちらか一方だけでは不十分です。それらをつなぐダイナミックな心と社会の相互影響過程を紐解いてはじめて，実践的で有効な知見を提供できるのです。

地球環境を守る

　筆者自身は大学の研究者で，本業は大学での研究・教育ですが，ここでの研究活動は実践活動そのものです。行政やNPO，民間企業など，さまざまな主体とともに環境問題への協働の取り組みを行っており，それが研究成果でもあり同時に社会への還元にもなっています。その具体例を紹介します。

● 旭川発『おうちの Ene-Eco プロジェクト』

　省エネルギー（以下，省エネ）行動促進にむけた研究も現場での取り組みも，世界的に見ればオイルショックのころからずっとあるのですが，日本では 2011 年の東日本大震災の後に急速に増えてきました。

　たとえば，北海道環境財団と旭川市，旭川NPOサポートセンターが中心となり，（株）JCBと筆者の研究室が協力して取り組んだ『おうちのEne-Ecoプロジェクト』があります。このプロジェクトでは，研究として行動や態度のデータを取らせていただいた一方で，最終的に旭川市民全体へ還元するところまでお手伝いさせてもらいました。研究としては，グループインタビューを実施したりアンケート調査を実施したりということをし，その成果もまとめました（小林ら，2014；森ら，2016）。しかし，研究目的のために，一方的に条件を操作したり統制したりすることはきわめて困難です。現場では，実践可能か，プロジェクトに参加してくださる市民の負担や不公平にならないかなどに留意することが優先されます。しかし，こうした制約の中でお手伝いさせてもらって，関係者と繰り返し協議することで，研究室にこもっていては見えないことを知る機会もたくさんあります。こうしてできた研究とは異なる成果は，達成感もひとしおです。

プロジェクトの成果
『あさひかわ発！おうちの省エネ応援ガイド』

● 研究活動，即，現場の活動

　筆者たち北海道大学環境社会心理学研究室では，「研究活動が即現場」での活動です。第5章でいくつかの研究例を紹介してきましたが，現在は，実務者と共同で政策提言に繋がる実証的研究を行うというプログラムに採択されており（〜平成30年9月），北海道環境財団に実務者としてパートナーに加わってもらって，北海道で環境政策に関連する取り組みを展開しています。この活動の一例として，函館の夜景のライトアップ施設をLED化しようという「光の街はこだて次世代あかりプロジェクト」に協働で参画しています。また，札幌市では第2次環境基本計画の策定に向けた市民参加ワークショップ（2018年から開始予定，原稿執筆時点）の実践などといった活動にも，さまざまな主体とともに取り組んでいます。

函館の夜景LED化に関するアンケート調査実施中の光景

　こうした活動は一見すると心理学とは関係ないとか，アカデミックではないと思われるかもしれませんが，実は心理学とも深く関わっていることが多くあります。それどころか，人文・社会科学全般に求められる研究テーマとしてニーズがあるにもかかわらず，そのような研究例，とくに実証的な研究例がほとんどないといったことにもしばしば直面します。現場で求められるのは，ただ理想を追求したり，一般論や普遍的な理論を唱えることではなく，「目の前にある問題に具体的にどう向き合うか」です。社会心理学の祖といわれるレヴィン（Lewin, 1947）は，さまざまな主体とともに，その場で利用可能な資源による働きかけの方法を考案するべきだと説いていました。環境心理学も，その本質において出発点は現場にあると筆者は考えています。この意味において，私たちの研究室での活動は，すべてが研究であると同時にすべてが現場の問題解決への挑戦なのです。

● 卒業生たちの活躍 ─────────────────────────

　筆者の研究室では，修士過程を修了してから就職する人も少なくありません。そのうち約 8 割が，コンサルタントやシンクタンク，調査会社，マーケティング系などの会社や部署などへ就職しており，研究室で学んだことを何らかの形で活かす職を得ています。特に，調査の企画から，準備，実施，分析，報告書作成までを一通りこなし，しかも，顧客をはじめ各方面との調整もしながら進捗管理ができるとなると重宝されます。理系出身者は各方面との調整が苦手とされ採用する側が敬遠することがあるようですが，心理学や行動科学の出身者はその点を信用されているようです。もちろん，データを扱えなければ相手にされませんが，この点も心理学や行動科学の出身者は大丈夫だと思ってもらえているようです。

　以下，当研究室の卒業生たちの代表的な活躍ぶりを紹介させてください。

【 T さんの場合 】

　省エネの普及について研究したいといって，省エネ行動やエネルギー政策などをテーマにして修士へ進学した T さんは，学会発表していたときにシンクタンクの担当者と知り合い，そこへ就職することになりました。当該のシンクタンクは，本社は東京にあるのですが，北海道にある企業との共同研究もしており，筆者はそのプロジェクトの研究助言をしています。T さんは，今春（2017 年 3 月）就職してそのままプロジェクトを受け持つことになっています。

【 R さんの場合 】

　R さんは学部を卒業して就職しました。はじめは道内にある環境問題に熱心に取り組んでいる企業で，カーボンオフセットの業務を担当していました。カーボンオフセットとは，CO2 など地球温暖化ガスを排出した分，たとえば木を植えたり森林管理をして CO2 の吸収や削減に貢献することで相殺するという考え方です。R さんはそのオフセットの取り引きの仲立ちをすることで人脈を広げました。その後，東京にあるベンチャー企業へ移り，途上国支援などの業務としてカーボンオフセットに取り組み，アジア各国を中心に地球規模の環境問題と途上国支援という大きな仕事を成し遂げました。現在，R さんは北海道にある老舗の民間研究所に転職しています。

　民間企業であれ自治体や公共団体であれ，環境や資源エネルギー問題などで仕事をしたいと考えているみなさんは，ぜひ一度，北海道大学環境社会心理学研究室を訪れてみてください。ここへ来れば，学んだことを生かして活躍できる道がきっと開けるはずです。

第6章

犯罪捜査に関する環境心理学

活かせる分野

犯罪者の行動パターンを分析して，犯罪捜査に使える情報を得ようとする技術が，犯罪者プロファイリング（offender profiling, criminal profiling）です。犯罪者プロファイリングには，いくつかの分析手法がありますが，中でも，環境心理学との関係が深い手法に，地理的プロファイリングがあります。

地理的プロファイリングでは，事件現場の地理的な分布などから，犯人の活動拠点（住居，職場など）がある可能性の高い地域・場所を推定する「拠点推定」や，これから犯人が事件を起こす可能性の高い地域・場所・時期を推定する「犯行予測」が行われます。これらの分析は，環境犯罪学（environmental criminology）と呼ばれる分野で提案された，犯罪者の地理的行動パターンを説明する，いくつかの理論に支えられています。

そこで本章では，はじめにこれらの理論を解説したあとに，地理的プロファイリングの中でも多くの研究が行われている「拠点推定」について，重要なトピックをいくつか取り上げたいと思います。

1節　犯行地選択の基礎理論

犯罪者がどこで犯行に及ぶのか（以下，犯行地選択）を理解すると

き，理論的な視点は，私たちに有益な示唆を与えてくれます。犯行地選択と関連する理論の中でも，特に多くの研究者の注目を集めてきたのが，「合理的選択理論」「ルーティン・アクティビティ理論」「犯罪パターン理論」の３つです。

1. 合理的選択理論

「合理的選択理論」は，個体（人，動物など）がある選択をするとき，最も費用対効果のよい選択をして，目標を達成しようとするという理論です。この理論は，もとは経済学の分野で発展したものであり，人間の幅広い選択行動の説明や，動物行動の説明にも用いられる理論です。特に，犯罪行動の分野で合理的選択理論という場合は，その多くがコーニッシュとクラーク（Cornish & Clarke, 1986）による理論をさします。

コーニッシュとクラークは，人の行動において，法律を「破るか」「従うか」の選択を重視した理論を展開しました。法律を破る，つまり，犯罪を実行するという選択には，その行為によって得られる利益（金銭など）と同時に，行為にかかるコスト（犯行の準備や実行に費やす労力，時間など），さらには逮捕されるリスクと，その後に受ける刑罰の重さが関係します。犯罪者は，これらの要素を考慮しながら，考えられるコストやリスクに比べて，期待される利益が十分に大きいと判断したときに，犯罪行為に及ぶとされています（図6-1）。

その一方で，犯罪者による選択の合理性は，選択にあてられる時間や選択に関わる情報の量，選択する者自身の能力といった制約を受け

▲図6-1　犯行の意思決定では利益とコスト・リスクが
　　　　　天秤にかけられている

ています。そのため，現実の犯罪者では，他者から見れば必ずしも合理的とはいえない選択をするケースもあります。また，そもそも意思決定の過程がなく，衝動的に犯罪行為に及ぶケースも多く見られます。ですが，これらの事実は，合理的選択理論を否定するものではありません。むしろ，上記のような制約の中で，合理性が変動した結果と考えるほうが適切でしょう。このような考え方は，犯罪者プロファイリングの実務で事件を分析するときにも，犯人の行動を理解するうえで，重要な視点の１つになります。

2. ルーティン・アクティビティ理論

コーエンとフェルソン（Cohen & Felson, 1979）は，「潜在的な犯罪者（犯罪行為への欲求が高まっている者）」，「潜在的なターゲット（魅力的な被害者）」，「有能な監視者（犯罪を抑止する能力がある者）の不在」の３つの要素が，同じ時間と場所に集まったときに，犯罪が発生する（図6-2）という「ルーティン・アクティビティ理論」を主張しました。

この理論では，犯行地選択のメカニズムを，さまざまな略奪的犯罪（強盗，窃盗，性犯罪，一部の放火など）にわたって説明できます。たとえば，路上で起きる性犯罪の場合，性的な欲求に動機づけられた犯罪者と，好みに合う被害者が，同じ時間と場所で出会ったときに発生しそうです。そのとき，もし現場に通行人がいれば，犯罪者に犯行を思いとどまらせる監視者になり得るでしょう。また，街頭や住宅などに設置された防犯カメラが，監視者の役割を果たすかもしれません。

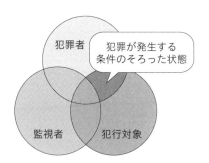

▲図6-2　犯罪者・犯行対象・監視者の関係を示した
ベン図

こうした説明は，車上ねらいやひったくりといった，ほかの路上犯罪にもあてはめられます。ほかにも，ジムや銭湯の更衣室で金品をねらう窃盗なら，金銭的な欲求が高まった犯罪者が，無施錠のロッカーや棚のカゴに置かれた，財布，腕時計などを見つけたときに，発生する可能性が高まります。このときは，施設の従業員や利用客が監視者になるでしょう。

3. 犯罪パターン理論

　前述した，合理的選択理論とルーティン・アクティビティ理論を組み合わせた理論が，ブランティンガムとブランティンガム (Brantingham & Brantingham, 1984) による「犯罪パターン理論 (crime pattern theory)」です。この理論では，犯罪者がもつ活動空間 (activity space) や意識空間 (awareness space) といった概念に注目して，犯行地選択の空間的な構造を示しています。活動空間とは，自宅や職場といった活動拠点の周辺と，それらをつなぐルート上に形成される，日常的な行動範囲です。これに加えて，意識空間では，犯罪者がなんらかの知識を持っているが，日常では訪れない，または訪れたことのない場所（鉄道駅，大きな商業施設など）も含みます。

　犯罪パターン理論では，犯罪者が持つ意識空間の中で，適当な犯行対象と遭遇したときに，犯行に及ぶと仮定します。図 6-3 は，犯罪パ

▲図 6-3　犯罪パターン理論における犯行地選択の空間構造の例

ターン理論をもとに，意識空間と対象の分布が重なった場所で，犯罪者が犯行に及ぶ例を示しています。図6-3では，自宅の南側に発生が集中している一方で，北側には適当な対象がいないため，事件が発生していません。また，対象が分布しているエリアでも，意識空間に入っていない場合は，犯罪者がその存在を認識していないので，事件が発生していません。

犯罪者や対象の日常的・習慣的な行動を重視した犯罪パターン理論の視点は，ルーティン・アクティビティ理論と一致する部分です。また，意識空間の中で出会う対象についても，手当たり次第に犯行に及ぶわけではなく，「利益」と「リスク」の2つの観点から合理的な選択をした結果として，一部の対象が被害者として選択されることになります。

2節　犯行地選択の特徴

犯行地選択の行動については，実際に検挙された犯罪者のデータから，いくつかの特徴が確認されています。これまでに報告された主な特徴には，「活動拠点から離れるほど犯行に及ぶ頻度が減少する」「活動拠点から特定の方向（方角）に偏って犯行に及ぶ傾向がある」「地域の環境的な特徴によって犯行に及ぶ確率が変動する」の3つがあります。

(1) 活動拠点からの移動距離

犯罪パターン理論に従えば，犯人の活動拠点（自宅，職場，友人宅など）から離れるほど，対象を探索する頻度は減衰します。したがって，犯行の発生頻度については，活動拠点を中心とした距離減衰が生じると仮定できます（図6-4）。犯行頻度の距離減衰は，各国の研究で確認されており（表6-1），日本においても，住宅侵入盗について，距離減衰が報告されています（Haginoya, 2014; 萩野谷ら，印刷中; 菅ら，2016）。犯行頻度の距離減衰については，性犯罪のような機会的な犯行が比較的多い犯罪に比べると，強盗や侵入盗のようなより計画的な犯罪について，活動拠点からの移動距離が長くなる（減衰傾向が緩やかになる）可能性が指摘されています（Rhodes & Conly, 1981）。

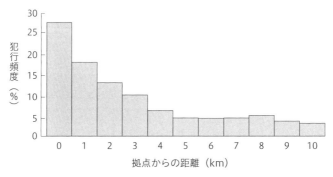

▲図 6-4　犯行頻度の距離減衰の例

▼表 6-1　犯行頻度の距離減衰を示した研究

	対象国	対象罪種
Canter & Hammond (2006)	アメリカ	殺人
Emeno & Bennell (2013)	アメリカ	住宅侵入盗 非侵入盗 自動車盗
Kent, Leitner, & Curtis (2006)	アメリカ	殺人
Kent & Leitner (2012)	アメリカ	強盗 侵入盗 非侵入盗
Levine (2014)	アメリカ	窃盗，暴行，強盗など
Rengert, Piquero, & Jones (1999)	アメリカ	住宅侵入盗
Rhodes & Conly (1981)	アメリカ	強盗 性犯罪 侵入盗
Warren et al. (1998)	アメリカ	強姦
Snook (2004)	カナダ	侵入盗
Hammond & Youngs (2011)	イギリス	住宅侵入盗
Tonkin, Woodhams, Bond, & Loe (2010)	イギリス	自動車盗
Bernasco (2009)	オランダ	住宅侵入盗
Block & Bernasco (2009)	オランダ	住宅侵入盗
Laukkanen, Santtila, Jern, & Sandnabba (2008)	フィンランド	住宅侵入盗
Rattner & Portnov (2007)	イスラエル	窃盗 強盗
Sarangi & Youngs (2006)	インド	侵入盗
Hammond (2014)	ニュージーランド	性犯罪
Haginoya (2014)	日本	住宅侵入盗
萩野谷ら (印刷中)	日本	住宅侵入盗
菅ら (2016)	日本	住宅侵入盗

（2）犯行地選択における方向の一貫性

　1人の犯人が連続して事件を起こすとき，ある活動拠点からみて同じ方向の場所で犯行をくり返した場合は，犯行地選択における方向の一貫性が生じます。コクシスら（Kocsis et al., 2002）は，オーストラリアの連続侵入盗（58名）について，犯行地点が，拠点から一定の方向に向かう回廊（corridor）のように分布する傾向を指摘し，犯行地選択における方向の一貫性を報告しています。

　方向の一貫性については，活動拠点（頂点）と2つの犯行地点をつなぐ直線の間の角度（図6-5）を基準として，複数の研究が行われています。この角度を基準に方向の一貫性を評価した場合，より角度が小さいほど，一貫性が高いといえそうです。

　たとえば，グッドウィルとアリソン（Goodwill & Alison, 2005）は，次のように報告しています。

【 方向の一貫性の例① 】

H：拠点
O：犯行地点

▲図6-5　拠点と2つの犯行地点をつなぐ
　　　　直線の間の角度の例

　殺人（35名），強姦（41名），侵入盗（30名）の3つの罪種で連続して犯行に及んだ計107名について，時間的に連続する2つの犯行地点（たとえば，1件目と2件目，2件目と3件目，3件目と4件目…）間の角度を計測（sequential angulation: 順次角度測定）した。測定した角度の平均値を罪種間で比較したところ，侵入盗，強姦，殺人の順に，角度が小さかった（方向の一貫性が高かった）。

　また，次のように方向の一貫性を検討した例もあります。

【方向の一貫性の例②】

　ランドリガンとザノムスキ（Lundrigan & Czarnomski, 2006）は，ニュージーランドの性犯罪者（76名）について，方向の一貫性を検討した。この研究では，犯人ごとに，ありうるすべての犯行地点の組み合わせについて計算した2地点間の角度から，最大値を計測した（maximal angulation: 最大角度測定）。その結果，50％以上の犯人が45°以下の角度になり，犯行地選択に方向の一貫性が示された。

　さらに，ヴァン・ダーレとベルナスコ（Van Daele & Bernasco, 2012）は，順次角度測定や最大角度測定では，方向の一貫性を十分にとらえられないと主張し，新たな角度の計測法を提案しています。彼らが提案した計測法では，時間的に連続する2地点や，角度が最大となる2地点の間の角度のみを用いる他の方法に対して，すべての犯行地点の組み合わせにおける2地点間の角度の平均値を計測します（平均角度測定: mean angulation, 図6-6）。彼らの研究では，オランダの住宅侵入盗（268名）について，平均角度測定により評価した結果，大部分の犯人が方向の一貫性を示しています。

　ここまでで述べた研究成果からは，犯罪者が，拠点からある程度の方向の一貫性をもって，犯行地選択を行う傾向があるといえそうです。これは，犯人のもつ意識空間が，拠点の周辺に一様に分布しているわけではなく，特定の方向へ偏って形成されていることが，関係してい

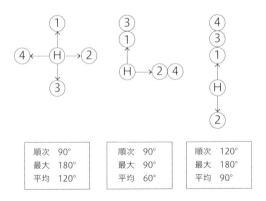

▲図6-6　3つの連続事件における角度の計測法
（Van Daele & Bernasco, 2012, Figure 2
をもとに作成）

る可能性があります。意識空間の形成には，自宅以外の活動拠点（学校，職場，娯楽地など）やそれらをつなぐルートが，重要な役割を果たしています。これらの地理的な配置は，地形などのさまざまな環境的要因の影響を受けると考えられることから，犯行地選択に影響を与える環境的要因を調べることは，重要な研究テーマの１つといえます。

（3）犯行地選択に影響する環境的要因

「地域のどのような要因が，犯罪者が犯行に及ぶ可能性を高めるのか」という問題について，近年，継続的な研究を行っているのが，オランダ法執行研究所（Netherlands Institute for the Study of Crime and Law Enforcement: NSCR）のウィム・ベルナスコ（Wim Bernasco）らを中心とした研究者たちです。彼らの研究では，経済学の分野で発展したランダム効用理論（random utility theory）が，犯行地選択の分析に応用されています。

ランダム効用理論では，「人の選択行動において，選択者は，効用が最大の選択肢を選ぶ」と仮定します。したがって，この理論は，犯行対象の選択にある程度の合理性を仮定する，合理的選択理論につながる見方を持った理論です。ランダム効用理論から，ベルナスコらは，「犯罪者は，潜在的な犯行対象の中から，効用が最大となる対象を選択して犯行に及ぶ」と仮定しました。この仮定に従って，ある犯行対象から得られる効用と，それに対する環境的要因の影響度の関係を示したのが，以下の式です。

$$U_{ij} = \beta z_{ij} + \varepsilon_{ij}$$

この式は，犯人 i における，潜在的な犯行対象 j の周辺の環境的要因 z（拠点からの距離，住居数，住民の所得など）に，観測不可能な要因 ε を加えることで，対象の効用 U を求める形になっています。このとき，U_{ij} には，犯人 i が対象 j の効用を最大と判断して犯行に及んだか否か（犯行に及んだ＝1，犯行に及ばなかった＝0）を代入し，z_{ij} に，犯人 i に対する対象 j の環境変数を代入することで，要因ごとの影響度 β を推定できます。

この方法を用いて，たとえば，次のような分析が行われているので

紹介しましょう。

【 $U_{ij} = \beta z_{ij} + \varepsilon_{ij}$ を用いた例① 】
　オランダのハーグ（The Hague）における 89 の 住 宅 街（residential neighborhoods）について住宅侵入盗（290 名）を分析した。ベルナスコとニューベルタ（Bernasco & Nieuwbeerta, 2005）の調査では，犯人の居住地域に近い地域，地域内の民族的な複雑性が高い地域，住宅ユニットの数が多い地域，戸建て住宅が多い地域が，犯人に選択されやすいことが示された。

【 $U_{ij} = \beta z_{ij} + \varepsilon_{ij}$ を用いた例② 】
　ベルナスコ（Bernasco, 2009）は，ハーグについてより小さな地域の単位で精密な検討を行うために，郵便番号区画による 23,894 の街区（block）を利用して，1,023 名の住宅侵入盗データによる分析を行った。その結果，犯人が居住する街区に近い街区，不動産の数が多い街区，不動産価値が高い街区が犯人に選択されやすいこと，および，外国人人口が多い街区ほど，外国人の犯人に選択されやすく，オランダ人の犯人に選択されにくいことが示された。

【 $U_{ij} = \beta z_{ij} + \varepsilon_{ij}$ を用いた例③ 】
　クレアら（Clare et al., 2009）は，環境的要因として地理的な障壁（barrier）や結合（connector）を追加して，西オーストラリア州のパース（Perth）における 291 の郊外住宅地について，住宅侵入盗（1,761 名）を対象に分析を行った。この研究では，犯人の居住地域との間に川や幹線道路といった障壁（バリア）のある地域が，犯人に選択されにくいこと，および，犯人の居住地域と線路（コネクタ）でつながっている地域が，犯人に選択されやすいことが示された。

3 節　拠点推定

　1 節，2 節では，犯行地選択行動に関するさまざまな研究を紹介しました。これらの知識は，犯罪者の行動を理論的に説明し，理解すると同時に，犯罪と対峙する現場でも，地理的プロファイリングと呼ばれる分析に活かされています。冒頭でも述べたとおり，地理的プロファイリングには，犯人の活動拠点（住居，職場など）がある可能性の高い地域を推定する「拠点推定」と，犯人が事件を起こす可能性の高い

地域・場所などを推定する「犯行予測」があります。中でも，拠点推定については，これまでに多くの研究が報告されてきました。その一方で，日本においては，欧米とは異なる独自の発展を遂げた経緯があります。そこで本節では，日本の捜査で活用されている主な拠点推定手法について説明したあと，欧米を中心とした研究が進められている拠点推定手法と，拠点推定の精度に関わるいくつかの問題について紹介します。

1. 日本の現状：幾何学領域モデル

　日本では，2000年ごろに犯罪者プロファイリングの捜査への活用が開始されて以来，「幾何学領域モデル」（萩野谷, 2016）と総称されるいくつかの手法を，拠点推定に利用してきました。幾何学領域モデルの特徴は，事件の地理的な分布から地図上に描いた円や多角形の領域に，犯人の拠点が含まれる可能性が高いと仮定する点です。中でも，特に利用頻度が高い手法が，「サークル仮説」「疑惑領域モデル」「凸包ポリゴン」の3つです。

(1) サークル仮説

　カンターとラーキン（Canter & Larkin, 1993）は，イギリスの連続強姦犯45名について，犯人の居住地と犯行現場の地理的な関係を検討しています。その結果，次の2つの犯行地選択パターンを見いだしました（図6-7）。

> 拠点犯行型（marauder type）：犯人の生活圏と犯行エリアが地理的に重なる（居住地周辺で犯行に及ぶ）
> 通勤犯行型（commuter type）：生活圏と犯行エリアが重ならない（居住地から離れた特定の地域で犯行に及ぶ）

　また，カンターとラーキン（Canter & Larkin, 1993）は，拠点犯行型に対する拠点推定モデルとして，「サークル仮説（circle hypothesis）」を提案しています。
　サークル仮説は，同一犯による犯行と推測される一連の犯行地点の中で，最も離れた2地点を結ぶ直線を直径とする円を描いたとき，円

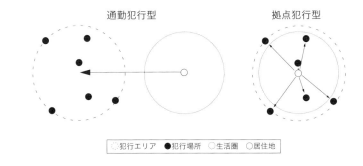

通勤犯行型　　　　　　　　　拠点犯行型

| ◯犯行エリア | ●犯行場所 | ◯生活圏 | ◯居住地 |

▲図6-7　通勤犯行型と拠点犯行型の犯行地選択パターン（Canter & Larkin, 1993 をもとに作成）

内にすべての犯行地点と犯人の居住地が存在すると仮定するモデルです（Canter & Larkin, 1993）。カンターとラーキンの研究では，連続強姦犯の45名中39名（86.7％）について，モデルが成立しています。また，サークル仮説の背景となる拠点犯行型は，居住地を犯行の地理的な分布の中心的要素としてとらえていることから，第1節で述べた犯罪パターン理論（Brantingham & Brantingham, 1984）と密接なつながりのあるモデルです（Canter & Larkin, 1993）。このように，サークル仮説は，現実の犯罪データに当てはまりがよく，理論的な背景ももつモデルとして，日本の捜査支援の現場に導入されていきました。

(2) 疑惑領域モデル

　日本では，サークル仮説と同様に，円形の領域で犯人の拠点を推定する手法として，疑惑領域モデルが提案されています（三本・深田，1999）。このモデルの特徴は，最小距離中心（Center of Minimum Distance: CMD）と呼ばれる，各犯行地点までの距離の合計が最も短くなる地点を，拠点推定に利用している点です。三本・深田（1999）は，CMDを中心，CMDと各犯行地点との平均距離を半径とした，円形の領域を「疑惑領域」と命名しました。彼らの研究では，日本の連続放火犯（14名）のうち，サークル仮説が成立した10名について，すべての居住地が疑惑領域に存在したと述べています。

　CMDは，一連の事件現場への移動が最も効率的な地点と考えられ

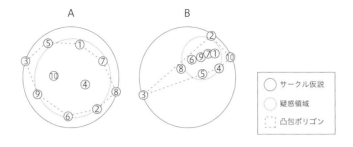

▲図6-8 幾何学領域モデルの適用例

ます。また，拠点からの距離は，さまざまな要因の中でも犯罪者の犯行地選択への影響度が特に大きいことから（Bernasco, 2009; Bernasco & Nieuwbeerta, 2005; Clare et al., 2009），CMD を利用した疑惑領域モデルは，移動コストの面で，合理的選択理論の考え方に合致する手法です。疑惑領域は，図6-8 の B のように一連の犯行が地理的な偏りをもって分布する場合，推定エリアが狭くなることから，サークル仮説に比べてより効率的な推定となる可能性のあるモデルです。しかしながら，住宅侵入盗を対象とした萩野谷（Haginoya, 2014）の研究では，推定エリアに犯人の居住地が存在したケースを全体の59.2%と報告しており，疑惑領域モデルの効率性については，今後も追加の検証が必要です。

(3) 凸包ポリゴン

　凸包ポリゴン（Warren et al., 1998）は，犯行地点の分布において，最も外側に位置する地点に沿って境界線を描いて形成される，凸型の多角形領域に犯人の拠点が含まれると仮定するモデルです。凸包ポリゴンも，疑惑領域モデルと同様に，犯行が地理的な偏りをもって分布するケースで，サークル仮説に比べて推定エリアが狭くなる傾向があります（図6-8）。その一方で，モデルが成立する割合は，ワレンら（Warren et al., 1998）の研究で25%，ブロックとベルナスコ（Block & Bernasco, 2009）の研究で29%であり，拠点をうまく推定できていない可能性が示されています。

（4）幾何学領域モデルの限界

　上記のように，推定のプロセスが単純で，簡便に利用できる幾何学領域モデルですが，実務上の有効性については大きな疑問があります。たとえば，多くの研究がモデルの成立する割合を報告しているサークル仮説は，研究ごとに13.0〜93.7％までの大きく異なる結果を示しています（表6-2）。また，少数の報告がされている疑惑領域（Haginoya, 2014 ［59.2％］；三本・深田，1999 ［71.4％］）や凸包ポ

▼表6-2　拠点犯行型／通勤犯行型の比率

	n	拠点型／通勤型
Block & Bernasco (2009)	62	61.3% ／ 38.7%
Canter & Larkin (1993)	45	86.7% ／ 13.3%
Emeno & Bennell (2013): 侵入盗	16	75.0% ／ 25.0%
Emeno & Bennell (2013): 自動車盗	15	53.3% ／ 46.7%
Emeno & Bennell (2013): 非侵入盗	131	55.7% ／ 44.3%
Haginoya (2014)	103	59.2% ／ 40.8%
Hammond (2014): ニュージーランド	101	82.2% ／ 17.8%
Hammond (2014): イギリス	24	50.0% ／ 50.0%
羽生 (2006)	37	75.7% ／ 24.3%
Kocsis & Irwin (1997): 侵入盗	27	48.1% ／ 51.9%
Kocsis & Irwin (1997): 放火	22	81.8% ／ 18.2%
Kocsis & Irwin (1997): 性犯罪	24	70.8% ／ 29.2%
Laukkanen & Santtila (2006)	76	39.4% ／ 60.6%
Laukkanen, Santtila, Jern, & Sandnabba (2008)	78	44.9% ／ 55.1%
Meaney (2004): 侵入盗	83	34.9% ／ 65.1%
Meaney (2004): 放火	21	90.4% ／ 9.6%
Meaney (2004): 性犯罪	32	93.7% ／ 6.3%
三本・深田 (1999)	14	71.4% ／ 28.6%
Paulsen (2007)	106	60.4% ／ 39.6%
田村・鈴木 (1997)	107	50.5% ／ 49.5%
Tonkin, Woodhams, Bond, & Loe (2010)*1	141	13.5% ／ 86.5%
Tonkin, Woodhams, Bond, & Loe (2010)*2	100	13.0% ／ 87.0%
Warren et al. (1998)	64	56.3% ／ 43.7%

*1　自動車盗の窃取場所
*2　自動車盗の投棄場所
注）サンプルを罪種や地域のグループに分けて検討した研究については，グループごとの比率を示した。

リゴン（Block & Bernasco, 2009［29.0%］；Warren et al., 1998［25.0%］）についても，良好な結果が得られているとはいえません。さらに，萩野谷（2016）は，幾何学領域モデルで得られる推定エリアが，実務で利用するには広すぎるケースが多いことを指摘しています。加えて，萩野谷（Haginoya, 2014）は，日本の住宅侵入盗（103名）を，比較的，幾何学領域モデルの有効性が高い「近隣型」と有効性が低い「広域型」に分類したところ，近隣型は約28％であり，70％以上の犯人に対して幾何学領域モデルが有効でない可能性を示しています。

　以上のように，実務における幾何学領域モデルの利用には，課題が多いといわざるを得ません。その一方で，最近の新たな傾向として，幾何学領域モデルが成立した割合を，研究者が集めた犯罪者たちの犯行地選択パターンを分類する方法として利用するケースが見られるようになっています。幾何学領域モデルが成立する背景となる拠点犯行型は，犯罪パターン理論の「犯罪者は，自身がもつ意識空間の中で犯行に及ぶ（つまり，意識空間と犯行エリアが地理的に重なる）」という仮定を満たす行動パターンであり，これは，現存するすべての拠点推定手法が前提とする条件です。したがって，幾何学領域モデルが成立する割合が大きいほど，他の拠点推定手法の精度も高い可能性があります。実際に，あとに述べる空間分布法や確率距離法といった手法の精度を調べた研究では，幾何学領域モデルが成立した犯人群のほうが，成立しなかった犯人群に比べて推定精度が高かったことを報告しています（Block & Bernasco, 2009; Hammond, 2014）。

2．空間分布法と確率距離法

　近年，欧州や北米を中心とする各国では，「空間分布法（spatial distribution strategies）」と「確率距離法（probability distance strategies）」と呼ばれる2種類の拠点推定手法が，多くの研究者によって検討されています。以下では，これらの概要と，推定精度に関わる要因について解説します。

(1) 空間分布法

　空間分布法では，犯行地点の地理的分布の中心（セントログラフィ：centrography）に，犯人の拠点がある可能性が高いと推定します。

セントログラフィの決め方にはいくつかの手法が提案されており（Snook et al., 2005），これまでに，サークル仮説の中心，CMD，犯行地点座標の代表値（算術平均［空間平均：spatial mean, centroid］），調和平均，幾何平均，中央値）が検討されています。犯行の地理的分布の中心に拠点があるという考え方は，幾何学領域モデルと近いものであり，推定の手続きもシンプルで利用しやすい手法です。

（2）確率距離法

　確率距離法は，2節で述べた犯行頻度の距離減衰を拠点推定に応用し，「拠点からの距離が離れるほど，犯行に及ぶ頻度が減衰する」のであれば，「犯行現場からの距離が離れるほど，拠点が存在する確率が減衰する」だろう，という考えに基づいた手法です。確率距離法に分類される手法には，次のようなものがあります。

- ・犯行行程法（journey-to-crime methods）（Levine, 2014）
- ・MID（Mean Interpoint Distance）（Canter et al., 2000）
- ・Q-range（Canter et al., 2000）
- ・CGT（Criminal Geographic Targeting）（Rossmo, 2000）

　確率距離法では，犯人の拠点を探す領域をメッシュ（網目状）に分割し，犯行地点から各セルまでの距離を計算して，距離減衰関数（distance decay function）と呼ばれる数式に距離を代入することで，

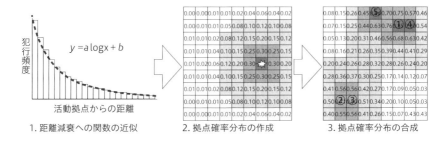

犯行頻度

$y = a \log x + b$

活動拠点からの距離

1. 距離減衰への関数の近似　　2. 拠点確率分布の作成　　3. 拠点確率分布の合成

▲図 6-9　確率距離法による拠点推定の過程

140

すべてのセルについて，拠点が存在する確率を計算します（図6-9）。このとき用いられる距離減衰関数には，直線（一次関数），負の指数，対数などがあり，これらのうちどの関数が拠点推定に有効かという問題も，重要な研究テーマの1つになっています。こうして犯行地点ごとに作成された確率分布は，最後にすべての犯行地点の確率分布を重ね合わせた（合計した）ものが，拠点推定の結果として利用されます。

（3）一番精度の高い手法を探して：空間分布法と確率距離法の比較

　前述のとおり，拠点推定については，これまでに数多くの手法が提案されています。せっかく選択肢が多くあるなら，実際に事件を分析するときには，それらの中で一番精度の高い手法を利用したいものです。そこで，空間分布法と確率距離法の各手法を比較した研究がいくつか報告されていますので，紹介しましょう。

【 拠点推定手法の精度の比較① 】
　スヌックら（Snook et al., 2005）は，イギリスの16名の住宅侵入盗を対象に，拠点推定手法の精度を比較した。その結果，比較的計算が単純で利用しやすい空間分布法が，複雑な処理を要する確率距離法と同じレベルの精度で拠点を推定できることが示された。

【 拠点推定手法の精度の比較② 】
　ポールセン（Paulsen, 2006a, 2006b）が行った一連の研究では，アメリカのメリーランド州ボルティモアで検挙された犯罪者を対象に，拠点推定手法の精度を比較した。その結果，いずれの研究でも，手法間の精度に明確な差は認められなかった。

　以上のように，これまでに空間分布法と確率距離法の比較を検討した欧米の研究は，いずれも明確な精度の差がない可能性を示しています。
　これらの結果をふまえれば，複雑な計算を要する確率距離法と同程度の精度で，かつ計算の実行が容易な空間分布法は，比較的有用性が高い手法と考えられます。そこで，菅ら（2016）は，日本の住宅侵入盗（55名）を対象に，空間分布法に分類される3つの手法（サークル仮説の中心，CMD，空間平均）の精度を比較しました。その結果，CMDの精度が最も高い可能性を示しています。

ですが，これらの研究は，集めた犯人データの数が少ないことや，統計的な方法による比較を行っていないことなど，研究の方法にいくつかの問題を抱えたものでした。そこで，萩野谷ら（印刷中）は，日本の住宅侵入盗（333名）のデータから，先行研究の問題点を修正した方法で，分析を行いました。その結果，欧米の先行研究とは異なり，空間分布法に比べて確率距離法の精度が高かったことを示しています。

　以上のように，最も精度の高い手法はどれかという問題については，現状では研究間で相反する結果が得られており，研究の数も少ないことから，明確な結論は出ていません。したがって，このテーマについては，今後もより多くの犯人データやさまざまな地域を対象とした研究が求められています。

（4）環境的要因は拠点推定の精度を向上させるか？

　これまでに述べてきた拠点推定手法は，いずれも犯行地点の分布のみから推定を行うものでした。ですが，実際の犯罪者の地理的行動は，地形や潜在的な犯行対象の分布など，さまざまな環境的要因による影響を受けていると考えられます。したがって，犯行地点の分布のみに基づく拠点推定には，おのずから限界があります。そこで，近年では，拠点推定に環境的要因の情報を取り入れた研究が求められており，すでに，このテーマに取り組む研究が国内外で始まっています。

　たとえば，拠点推定に有効な可能性がある環境的要因として，土地被覆（商業地，住宅地，農耕地，森林，水域などの土地利用に関する情報）に着目したケントとライトナー（Kent & Leitner, 2012）は，確率距離法による拠点推定に，犯人の拠点を探す領域の土地被覆情報を取り入れることで，精度が向上する可能性を示しています。また，国内でも，過去に警察が認知した同種事件の地理的な密度（認知件数密度）の濃淡（言いかえれば，過去に同じタイプの犯罪がどの程度の頻度で発生したか）を拠点推定に取り入れようとする試みが始まっています（花山ら, 2013）。

　これらの要因以外にも，2節で犯行地選択の影響要因として取り上げた，民族的な複雑性や住宅ユニットの多さ，さらにはバリアとコネクタなどについても，拠点推定への活用を検討する価値があります。このように，拠点推定への環境的要因の応用は，現在の地理的プロファ

イリングにおいて，最先端の研究分野の1つとなっています。

4節　おわりに

　本章では，犯罪者プロファイリングの中でも環境心理学との関係が深い，地理的プロファイリングについてご紹介しました。

　1節では，犯行地選択に関する基礎理論として，合理的選択理論，ルーティン・アクティビティ理論，そしてこれらを組み合わせた犯罪パターン理論について解説しました。これらの理論は，近年の犯罪研究でも頻繁に引用されています。また，コンピュータ・シミュレーションなどを用いて，犯罪発生のメカニズムを説明する理論としての妥当性も検証されており，今後もこれらの理論をベースにした研究が展開されていくと予想されます。

　2節では，犯行地選択について，実際の犯罪データから確認されている特徴を説明しました。犯行頻度の距離減衰と環境的要因は，いまや犯行地選択の中心的な要素の1つとなっており，方向の一貫性も，研究者の注目を集めるテーマとなっています。また，これらのテーマは，3節で解説した拠点推定において応用が期待される要素でもあります。犯行頻度の距離減衰は，すでに拠点推定の実施になくてはならない基本的な情報となっており，次の段階として，環境的要因を取り入れた拠点推定が確立される日も遠くはないでしょう。また，方向の一貫性に関する知見は，現在の拠点推定では推定が困難な通勤犯行型への対応策（たとえば，犯行エリアから見てどの方向に犯人の拠点があるのかを推定するなど）を考えるうえで活用できるかもしれません。

　このように，犯罪捜査の分野では，広く認められた環境犯罪学の理論に基づく幅広い研究が展開されており，今後も理論と応用が密接に結びついて発展していくことが期待されます。

犯行環境から犯人を追う

　筆者は，科学捜査研究所に研究職として所属しています。ここでは，犯罪者プロファイリングや心理学とのつながり，実際の現場で行うプロファイラーとしての仕事について紹介します。

● 犯罪者プロファイリングの分析の流れ

　犯罪者プロファイリングでは，犯罪者の行動パターンから，捜査に使える情報を得ようとします。犯罪者プロファイリングの仕事では，①「事件リンク分析」，②「犯人像推定」，③「拠点推定」（詳しくは第6章参照），④「犯行予測」といった分析が行われます。

　詳しくみていきましょう。

①事件リンク分析

　強姦や強制わいせつ，放火，窃盗などが連続発生したとき，犯罪者プロファイリングでは，まず，事件群の中から，1人の犯人による一連の事件を抽出する（事件をリンクする）必要があります。それを事件リンク分析といいます。事件リンク分析では，DNA型や指紋などの物的証拠，犯人の特徴に関する目撃証言に加えて，犯人の行動特徴から同一犯の推定を行います。そして，この分析でリンクされた事件の情報から，犯人像推定や地理的プロファイリングが行われます。

②犯人像推定

　犯人の現場での行動特徴などから，可能性の高い犯人属性（たとえば，年齢，性別，職業，犯罪経歴）が推定されます。推定された犯人像は，浮上している容疑者リストの優先順位づけや，犯人像と一致する犯罪経歴者の抽出，捜査員による聞き込みや警戒で不審者を発見するための情報として活用されます。

③拠点推定

　事件の地理的分布などから，犯人の活動拠点の推定が行われます。拠点推定では，近年まではサークル仮説や疑惑領域を利用した推定を行うケースが中心でしたが，最近（2017年現在）では，国内でも空間分布法や確率距離法の考え方に基づく推定が見られるようになっています。拠点推定の結果は，たとえば犯人像推定の結果と組み合わせて使うことで，効果が期待できます。この方法では，犯人の拠点がある可能性の高い地域から，

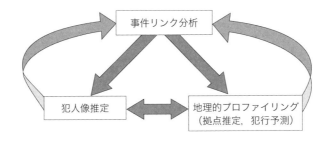

犯罪者プロファイリングの分析プロセス

推定した犯人像に近い人物を抽出することで，優先的に捜査すべき人物の探索に利用されます。

④犯行予測

　事件の発生日や場所から，将来犯行に及ぶ場所・時期の推定が行われます。犯行予測，推定結果が最も成果に結びつきやすい，重要な分析の1つです。この分析では，拠点推定に見られるような推定モデルがほとんどないことから，環境犯罪学の犯行地選択に関する理論などをもとに，犯人について，犯行中，またその前後の行動を推定しながら，将来の犯行場所・時期を絞り込んでいきます。

　これらの分析は，まとめると上の図の流れで行われます。最初に事件リンク分析が行われ，リンクされた事件の情報から，犯人像や地理的な推定が行われます。また，犯人像と地理的な推定には，相互に関連する要素（たとえば，Haginoya（2014）の研究からは，犯行時の交通手段が，ほかの属性や犯行地選択パターンと関連することがわかっています）もあることから，互いの結果に矛盾がないかを検討し，必要に応じて分析結果の変更・調整が行われます。また，これは事件リンク分析についても同様で，犯人像や地理的な推定結果と，事件をリンクしたプロセスとを照らし合わせて，必要があればリンクの修正と再分析を行い，全体としてより整合性のとれた推定結果を導くことをめざします。

● 心理学とのつながり ─────────────

　犯罪者プロファイリングでは，いずれの分析手法でも，統計的な予測モデルを利用した分析が頻繁に利用されます。これらのモデルは，表面的には単なる数学的なモデルで，心理学とは無縁のように見えるかもしれません。ですが，第6章でも地理的プロファイリングについて紹介されたとおり，

実際にはどのモデルも心理学的な理論をもとに考案されたものであり，心理学とは切り離せない関係にあります。

　また，犯罪者プロファイリングの実務では，統計的な分析と合わせて，事件に合わせたさまざまな事例分析を行います。この事例分析では，現在は統計モデルに含まれていない情報や，統計的な分析をするにはデータが少なすぎる，めったに見られないめずらしい行動などを評価して，分析結果に反映します。

● プロファイラーの実際 ─────────────────

　犯罪者プロファイリングを扱った書籍や論文では，前述のように「どんなことを分析しているのか」に関する説明を，たくさん見つけることができます。その一方で，「どんなふうに仕事を進めているのか」について説明した文献は，それほど多くありません。そこで今回は，実務の現場の一例として，栃木県警が行う分析をご紹介したいと思います。

　栃木県では，現在（2017 年），科学捜査研究所に研究職として所属する筆者と，刑事総務課に所属する警察官の 2 名が，「捜査支援係」として共同で分析にあたっています。分析は，事件を担当する警察本部各課や警察署からの依頼を受けて実施することもありますが，分析者側で効果が見込めそうな事件を見つけて，自主的な分析を行う場合もあります。

　分析を始めるとき，最初に行うのは情報収集です。犯罪者プロファイリングは，その性質上，使用する事件情報の量と質が分析の精度を大きく左右します。そのため，事件捜査を担当する本部各課や警察署をまわり，可能な限り多く，最新の情報を集めます。また，実際に事件が発生した現場へ赴き，現場周辺の環境なども確認します（現場実査）。この段階で集めた情報には，複数の犯人による事件が含まれていることも多いため，事件リンク分析によって，1 人の犯人へと事件群を絞り込む作業を行います。

　絞り込んだ事件情報からは，捜査の状況に応じて，必要な分析を行う作業に移ります。たとえば，分析を開始した時点で，事件が頻繁に発生している場合は，犯行予測を優先的に実施して，犯人が出没しそうな場所を捜査員が警戒して犯人逮捕へ結びつける「よう撃捜査」などの資料として，迅速に分析結果を提供します。また，しばらく事件が発生していない事件では，犯人像推定や拠点推定を優先的に行うことで，これらの分析結果に合致する犯罪経歴者などを，捜査対象者として捜査員に提案します。これらの分析結果は，事件の担当者へメールや FAX（今でも現役です！）などで送ることもできますが，現在は可能な限り，直接，内容の説明を行うようにしています。これは，結果を受け取る捜査員が，今どんな仕事を抱えていて，どの程度の時間を分析した事件の捜査にあてられるのか，また，分析結果を利用して，具体的にどのような捜査が可能なのか，さらには，

現場実査は捜査員と分析方針の相談をしながら行うことも多い。

分析者が把握していない新たな情報がないか，といったことを確認するために，対面で相談をしながら，話を進める必要があると考えるためです。

　筆者たちが「捜査支援係」として重視していることは，少しでも，効率的に犯人を捕まえられるような情報を捜査員に提供することです。これは，「次の被害者を生まない」「犯行がエスカレートする前に検挙する」といった考えを背景としたものです。ですが，筆者たちが行う分析は，決してスマートに事件を解決する魔法のような技術ではありません。むしろ，上記のように，足で稼ぐ，体力勝負の要素が多分に含まれます。また，そうして分析した結果が，必ずしも成果に結びつくわけではありません。そのため，事件によってはなかなか検挙にいたらないまま新たな事件が発生し，悔しい思いを捜査員と共有しながら，「次は見てろよ」と，さらなる分析を継続することもあります。こうして，地道な分析作業を行う中で，最近では，捜査が長期化した状況において，分析結果を聞いた捜査員が「これなら捕まえられるかもしれない」「よし，やってみよう」と捜査へのモチベーションを高めるきっかけにしてもらうことも，もう1つの支援ではないかと感じています。

（★は柳瀬亮太が担当）

【 全般・広く学ぶために 】

『環境心理学―人間と環境の調和のために―』
羽生和紀（著）（2008）　サイエンス社

　環境心理学全般に関する入門書。高校生や初めて環境心理学にふれる読者でも簡単に理解できる内容です。

『環境心理学―原理と実践―』（上・下）
ロバート・ギフォード（著）
羽生和紀・槙　究・村松陸雄（監訳）（2005 ／ 2007）　北大路書房

　本書を読んで具体的な研究を知りたくなった場合に，まず調べるべき本。これまでに主に海外で行われた環境心理学の研究のほとんどが紹介されています。

『環境心理学―環境デザインのパースペクティブ―』
槙　究（著）（2004）　春風社

　定評のある，日本における環境心理学の代表的な教科書の１つです。人間と環境の関わり方で環境心理学のテーマを分類して研究を紹介しています。

『人間環境学―よりよい環境デザインへ―』
日本建築学会（編）（1998）　朝倉書店

　「環境心理の学」としての環境心理学を代表する本。環境心理の学では，どのようなテーマが問題・課題になっているかがよく理解できます。

『空間に生きる―空間認知の発達的研究―』★
空間認知の発達研究会（編集）（1995）　北大路書房

　乳幼児から高齢者に至るまでの発達過程に関わる具体的な研究事例を通じて，心理学に基づく空間認知研究全般について知ることができます。コラム，研究方法，重要用語集を読むだけでも心理学への関心は大きく刺激されると思います。環境心理学，特に空間認知および空間行動を研究したい人にお勧めします。

『五感のデザインワークブック―「感じる」をカタチにする―』★
横山　稔（著）（2013）　彰国社

　インテリアデザインの初学者向けに，五感を生かした空間デザイン力をつける方法や習慣を身につけさせる目的で書かれている本です。しかしながら，ここで取り上げられているデザイン演習に取り組むことは，自分なりの研究テーマや研究計画を考えるにあたって役立つことでしょう。

『インクルーシブデザイン―社会の課題を解決する参加型デザイン―』★

ジュリア・カセム，平井康之，塩瀬隆之，森下静香（編著）
水野大二郎ら（著）（2014）　学芸出版社

　誰かの抱える問題だけでなく身近な人が抱える問題，現在の自分だけでなく将来の自分が直面するであろう問題に気づき，それについて考えるヒントが詰まっています。多くの人と協同して，デザインに起因する問題を学際的に解決するインクルーシブデザインについて理解できると同時に，環境心理学研究の大切さに気づけます。

【 住環境について 】

『住まいとこころの健康―環境心理学から見た住み方の工夫―』

小俣謙二（編著）（1997）　ブレーン出版

　住環境における心理的な問題を多く指摘し，そうした問題解決のための提言を示した本。国内外の研究例も多く紹介されているので，住環境に関して具体的な研究を知りたくなった際にもまず手に取るべき本です。

『都市生活の心理学―都会の環境とその影響―』

エドワード・クルパット（著）／藤原武弘（監訳）（1994）　西村書店

　都市環境の心理学に関する古典。認知的な視点と社会的な視点の双方から，都市生活者の心理に関して書かれています。

【 労働環境について 】

『仕事場の心理学―オフィスと工場の環境デザインと行動科学―』

エリック・サンドストロム（著）／黒川正流（監訳）（1992）　西村書店

　労働環境研究における第一人者が書いた本。労働環境に関するテーマが広く，詳しく紹介されています。少し前の本なので，ICT・情報通信技術が普及した以降のオフィスに関する記述はありませんが，基本的な内容自体は古くなってはいません。

【 商業・サービス環境について 】

『なぜこの店で買ってしまうのか―ショッピングの科学―』

パコ・アンダーヒル（著）／鈴木主税（訳）（2001）　早川書店

　ショッピングモールや大型スーパーマーケットの陳列棚の配置や商品の置き方と売れ行きの関係を解説し，売れるための店づくりをするための方法を紹介する本。学問的な本ではありませんが，実地観察と実験的な方法に基づくデータの収集と分析はとても科学的です。学術的な興味からも貴重な本です。

【 教育環境について 】

『学校建築ルネッサンス』

上野　淳（著）（2008）　鹿島出版会

学校建築研究の第一人者である長倉康彦先生の研究を受け継ぎ書かれた，日本における学校建築研究の本です。学校建築の歴史，教室に対する理念とそれに応じたデザインの変遷，新しいで教室デザインの評価と今後の課題などに関して，多くの実例や図版を紹介しながら明確に解説をしています。

【 医療福祉環境について 】

『痴呆高齢者が安心できるケア環境づくり
―実践に役立つ環境評価と整備手法―』

児玉恵子・足立　啓・下垣　光・潮田有二（編著）（2003）　彰国社

人口の高齢化が急速に進む中，認知症（痴呆）高齢者の人口も大幅に増加しています。それに伴い，ここ20年で認知症高齢者のためのグループホームの数は充実しつつあります。しかし，認知症高齢者のためにはどのような建築デザイン，あるいは環境が望ましいかの答え探しは終わっていません。この本は，そうした認知症高齢者にとって望ましい環境を探し求めるための研究法を紹介し，研究のツールを提供しています。海外の進んだツール（評価項目）をていねいに検討し，日本の実情に合った評価法を提案しています。興味深い研究と優れた実践に関して知ることができます。

【 自然環境について 】

『自然をデザインする―環境心理学からのアプローチ―』

レイチェル・カプラン，スティーブン・カプラン，ロバート・L・ライアン（著）
羽生和紀（監訳）（2009）　誠信書房

環境心理学の考える自然環境に関する本。環境心理学の知恵を利用して，都市の中の森や自然豊かな公園などの自然の要素が豊かな環境を作り出す方法を教えてくれます。また回復環境としての自然環境に関する理論も詳しく紹介されています。

【 環境と犯罪について 】

『犯罪予防とまちづくり―理論と米英における実践―』

リチャード・H・シュナイダー，テッド・キッチン（著）
防犯環境デザイン研究会（訳）（2006）丸善

防犯環境設計・CPTEDに関する本。1つひとつの建物や，敷地だけではなく，街ぐるみで犯罪に遭いにくい環境を創り出すための方法が，理論的な説明と豊富な事例とともに説明されています。

文　献

● 第1章

Oldenburg, R.（1991）. *The great good place: Cafe, shops, bookstores, bars, hair salon, and other hangouts at the heart of a community.* NY: Marlowe.（マイク・モランスキー（解説）忠平美幸（訳）（2013）. サードプレイス―コミュニティの核になる「とびきり居心地よい場所」― みすず書房）

● 第2章

Barker, R. G., & Gump, P. V.（1964）. *Big school, small school: High school size and student behavior. CA: Stanford University Press.*

Baum, A. & Valins, S.（1977）. *Architecture and social behavior: Psychological studies of social density. NJ: Erlbaum.*

金子怜美・柳瀬亮太（2016）. 上下に分割された生活空間と行為の関係―狭小な住空間の有効活用法について― 日本建築学会計画系論文集, **729**, 2349-2357.

柏木　博（2004）. しきりの文化論　講談社

加藤伸康・朝日大和・柳瀬亮太（2012）. 「まど」に関する実験的研究―障子の組子割りが人の個体域に及ぼす影響人間― 環境学会第19回大会.

込山敦司・初見　学（1996）. 建築内部空間における天井高の認知構造　日本建築学会計画系論文集, **490**, 111-118.

難波明日香・柳瀬亮太（2007）. 床面積と照度の違いが空間の印象評価に与える影響―公共の洋式トイレブースに関する実験的研究（その2）― 日本建築学会計画系論文集, **616**, 77-83.

酒井史紀・柳瀬亮太（2008）. 夜間街路における街路灯間隔および照明条件が歩行者の空間認知に及ぼす影響　日本建築学会計画系論文集, **624**, 333-339.

高久洋介・柳瀬亮太（2009）. 建築空間における通路の形態と幅員に関する基礎研究―印象評価実験による回避行動の検討― 日本建築学会計画系論文集, **638**, 809-814.

柳瀬亮太・原　尚平（2012）. 組子割りと室空間の印象評価の関係―障子に関する実験的研究― 人間・環境学会誌 MERA Journal 第29号, **15**（1）, 11-20.

柳瀬亮太・服部真依（2006）. 高齢者の外出行動と屋外での座りスペースに関する研究―長野県長野市の場合― 日本建築学会計画系論文集, **603**, 17-22.

柳瀬亮太・難波明日香（2006）. 床面積の違いが空間の印象評価に与える影響―公共の洋式トイレブースに関する実験的研究― 日本建築学会計画系論文集, **604**, 47-52.

柳瀬亮太・酒井史紀（2006）. 街路灯間隔と夜間街路の印象および認知距離の関係　日本建築学会計画系論文集, **601**, 139-144.

● 第3章

赤木徹也（2009）. 家庭らしさを感じさせる居住環境のしつらい―建築学・住居学の観点からみた「家庭的」― 老年社会科学, **30**（4）, 509-515.

Allen, T. J. & Gerstberger, P. G.（1973）. A field experiment to improve communications in a product engineering department: the non-territorial office. *Human Factors*, **15**（5）, 487-498.

Brooks, C. L. & Rebeta, J. L.（1991）. College classroom ecology: The relation of sex of student to classroom performance and seating preference. *Environment and Behavior*, **23**, 305-313.

Carver, A. M.（1990）. Hospital design and working conditions. In R. Moran, R. Anderson & P. Paoli（Eds.）. *Building for people in hospitals.*（pp. 85-92.）Dublin: European Foundation for the Improvement of Living and Working Conditions.

Chailkn, A. L., Derlega, V. J., & Millar, S. J.（1976）. Effects of room environment on self-disclosure in a counseling analogue. *Journal of Counseling Psychology*, **23**（5）, 479-481.

Cherumk, P. D.（1993）. *Applications of environment-behavior research: Case studies and analysis.*

Cambridge University Press.

Collins-Eiland, K., Dansereau, D. F., Brooks, L. W., & Holley, C. D.（1986）. Effect of conversational noise, locus of control, and field dependence/independence on the performance of academic tasks. *Contemporary Educational Psychology*, **11**, 139-149.

Enander, A.（1987）. Effects of moderate cold on performance of psychomotor and cognitive tasks. *Ergonomics*, **30**, 1431-1445.

Eysenck, M. W., & Graydon, J.（1989）. Susceptibility to distraction as a function of personarity. *Personality and Individual Differences*, **10**, 681-686.

Fox, W. F.（1967）. Human performance in the cold. *Human Factors*, **9**, 203-220.

福永瑞樹・横田正夫（2013）. 大学における居場所の描画特徴について―気分状態との関連― 日本大学心理学研究 , **34**, 24-31.

Gifford, R.（2002）. Environmental psychology: Principles and practice（3rd ed.）. WA: Optimal Books.（羽生和紀・槙 究・村松陸雄（監訳）（2007）. 環境心理学―原理と実践―（下）北大路書房）

Gulian, E. & Thomas, J. R.（1986）. The effects of noise, cognitive set and gender on mental arithmetic performance. *British Journal of Psycology*, **77**, 503-511.

Hall, E. T.（1966）. *The hidden dimension*. NY: Doubleday & Company.（46）

Zentall, S. S.（1983）. Learning environments: A review of physical and temporal factors. *EEQ: Exceptional Education Quarterly*, **4**, 90-115.

羽生和紀（2008）. 環境心理学―人間と環境の調和のために― サイエンス社

Hasse, R. F., & DiMattia, D. J.（1970）. Proxemic behavior: Counselor, administrator and client preference for seating arrangement in dyadic interaction. *Journal of Counseling Psychology*, **17**（4）, 319-325.

Hughes, P. C.（1976）. Lighting the office. *The Office*, **84**（3）, 127ff.

伊藤景子・横山ゆりか・山本利和（2015）. 通級指導教室児童保護者による児童の集中度評価と学習環境 人間・環境学会誌 , **18**（1）, 9.

Jennings, J. R., Nebes, R., & Brock, K.（1988）. Memory retrieval in noise and psychophysiological response in the young and old. *Psychophisiology*, **25**, 633-644.

片口安史（1987）. 改定新・心理診断法 金子書房

北川歳昭（2012）. 座席行動の心理学―着席位置をめぐる心理メカニズムの解明― 大学教育出版

吉良伸一郎（2005）. 診療所 外来患者の本音を探るアンケートの「極意」―郵送回収方式で運営改善のヒントをつかむ― 日経ヘルスケア 21, **190**, 47-50.

小林佐知子・永田雅子・松本真理子・小松 尚（2012）. 心理面接室の改修に伴う面接者の空間イメージの変化と物理的要因の意味について 名古屋大学大学院教育発達科学研究科紀要 . 心理発達科学 , **59**, 71-77.

栗原嘉一郎・富田寛志・結崎東衛（1962）. 病室の分け方と患者の人間関係 病院 , **21**（3）, 21-31.

Lahtera, K., Neimi, P., Kuusela, V., & Hypen, K.（1986）. Noise and visual choice-reaction time: A large-scale population survey, *Scandinavian Journal Psychology*, **27**, 52-57.

Leather, P., Beale, D., & Santos, A.（2003）. Outcomes of environmental appraisal of different hospital waiting areas. *Environmental and Behavior*, **35**, 842-869.

Luckish, M.（1924）. *Light and work*. NY: Van Nostrand.

前田 泉（2010）. 待ち時間革命 日本評論社

McCormick, E. J.（1976）. *Human factors in engineering and design*. NY: McGraw-Hill.

Mehrabian, A.（1977）. Individual differences in stimulus screening and arousability. *Journal of Personality*, **45**, 237-250.

三和 護（1998）. 患者の心理に配慮した待合室―ソファやミニ文庫，生け花や香りなども工夫― 日経ヘルスケア , **103**, 47-50.

文部省（1992）. 登校拒否（不登校）問題について―児童生徒の「心の居場所」づくりを目指して―（学校不適応対策調査研究協力者会議報告） 教育委員会会報 , **44**, 25-29.

Nager, D. & Pandey, J.（1987）. Affect and performance on cognitive performance on cognitive task as a function of crowding and noise. *Journal of Applied Social Psychology*, **17**, 147-157.

中村洋一（1984）．病室空間の視覚的印象の分析―患者にとっての快適性の研究― 病院管理, **21**（3）, 57-67.

Ng, C. F. & Gifford, R.（1984）．*Speech communication in the office: The effects of background sound level and conversational privacy.* University of Victoria.

Nightingale, F.（2006）．*Notes of Hospitals Third Edition, 1863 by Florence Nightingale.*（復刻版）幸書房

Oldenburg, R.（1991）．*The great good place: Cafes, shops, bookstores, bars, hair salons, and other hangouts at heart of a community.* NY: Marlowe.（マイク・モランスキー（解説）忠平美幸（訳）（2013）．サードプレイス―コミュニティの核になる「とびきり居心地よい場所」― みすず書房）

Oldham, G. R., Hulik, C. T., & Stepina, L. P.（1991）．Physical environment and employee reactions: Effects of stimulus-screening skills and job complexity. *Academy of Management Journal*, **34**, 929-938.

プライザー，W.・槇 究・武藤 浩・宇治川正人（2001）．子供の心 小児病棟の改装（pp. 134-151）日本建築学会（編） 建築空間のヒューマナイジング―環境心理による人間空間の創造― 彰国社

Reid, D. B. & Paulhus, D. L.（1987）．After effects of noise on cognitive performance. Poster presented at CPA.

Rice, B.（1980）．Cooling by deception. *Psychology Today*, **14**, 20.

Roethlisberger, F. J. & Dickson, W. J.（1939）．*Manegement and the worker.* MA: Harvard University Press.

佐々木心彩・羽生和紀・長嶋紀一（2004）．高齢者の施設適応度測定指標の開発―痴呆の程度と居室の個人化からの検討― 老年社会科学, **26**（3）, 289-295.

嶋村仁志・井上 誠・山田哲弥（1996）．研究執務スペースにおけるフリーアドレスのユーザー評価に関する研究 日本建築学会計画系論文集, **487**, 159-168.

新建築社（2012）．新建築 新建築社

Shirakawa, M., Tsugawa, R., & Hanyu, K.（2016）．Physical features of psychological counseling rooms: From interviews with counselors. ICP2016 proceedings.

Shivadon, P.（1965）．*L'Evolution Psychiatrique*, **3**, 477-498.

Smith, S.（1978）．Is there an optimum light level for office tasuks? *Journal of the Illuminating Engineering Society*, **7**, 255-258.

Sommer, R.（1959）．Studies in personal space. *Sociometry*, **22**, 247-260.

Sommer, R.（1962）．The distance for comfortable conversation: A further study. *Sociometry*, **25**, 111-116.

Stramler, C. S., Kleiss, J. A., & Howell, W. C.（1983）．Thermal sensation shifts induced by physical and psychological means. *Journal of Applied Psychology*, **68**, 187-193.

陶 真裕・羽生和紀（2009）．病院の待合室の視覚的特性と感情的評価に関する研究（5）―シミュレーション映像を用いた検討― 日本心理学会第73回大会発表論文集, 1397.

陶 真裕・羽生和紀（2010）．病院の待合室の視覚的特性と感情的評価に関する研究（7）―シミュレーション映像を用いた検討― 人間・環境学会誌, **13**（2）, 29.

陶 真裕・羽生和紀（2011）．病院の待合室の視覚的特性と感情的評価に関する研究（9）―評価グリッド法による検討― 人間・環境学会誌, **14**（1）, 33.

陶 真裕・羽生和紀（2012）．病院の外観と待合室の視覚的特性が利用喚起に及ぼす影響 日本大学心理学研究, **33**, 1-9.

都筑 学（2008）．写真投影法を用いた大学キャンパスにおける居場所の研究 日本教育心理学会総会発表論文集, **50**, 718.

上野 淳・長澤 泰・筧 淳夫・尾形直樹（1990）．シミュレーション心理実験における病室の適正ベッド間隔に関する検討 日本建築学会計画系論文報告集, **410**, 65-76.

氏原 寛・小川捷之・東山紘久・村瀬孝雄・山中康裕（編）（1992）．心理臨床大辞典 培風館

Veitch, R. & Arkkelin, D.（1995）．*Environmental psychology: An interdisciplinary perspective.* NJ:

154

Prentice Hall.

Weinstein, C.（1979）. The physical environment of the school: A review of the research. *Review of Educational Research*, **49**, 577-610.

Weldon, D. E., Loewy, J. H., Winer, J. L., & Elkin, D. J.（1981）. Crowding and classroom learning. *Journal of environmental Education*, **49**, 160-176.

Widgery, R. & Stackpole, C.（1972）. Desk position, interviewee anxiety, and interviewer credibility: An example of cognitive balance in a dyad. *Journal of Counseling Psychology*, **19**（3）, 173-177.

山田哲弥・嶋村仁志・井上　誠（1996）. フリーアドレス・レイアウトにおける領域操作の効果　日本建築学会計画系論文集, **486**, 69-78.

山形しづ子（2009）. 家庭らしさをどこに感じるか―グループホームいくり苑の家庭らしさを感じる環境の検証―　老年社会科学, **30**（4）, 534-541.

柳澤　要（2001）. 小児病棟における遊び・癒やしのデザイン（pp.152-171.）　日本建築学会（編）建築空間のヒューマナイジング―環境心理による人間空間の創造―

柳澤壮一郎・長澤　泰・西出和彦・岡本和彦（2005）. 病室における斜めベッド配置に関する研究―空間感覚と気分の変化に着目して―　学術講演梗概集 E-1, 建築計画 I, 各種建物・地域施設, 設計方法, 構法計画, 人間工学, 計画基礎, 213-214.

Zentall, S. S. (1983). Learning environments: A review of physical and temporal factors. *Exceptional Education Quarterly*, **4**（2）, 91-115.

Zimring, C., Carpman, J. R., & Michelson, W.（1987）. Design for special populations: Mentally retarded persons, children, hospital visitors（pp. 919-949）. In D. Stokols & I. Altman（Eds.）, *Handbook of environmental psychology*. NY: Wiley.

● 第 4 章

Appleton, J.（1975）. *Experience of Landscape*. John Wiley & Sons Inc.（菅野弘久（訳）（2005）. 風景の経験―景観の美について―　法政大学出版局）

Buhyoff, G. J. & Leuschner, W. A.（1978）. Estimating psychological disutility from damaged forest stands. *Forest Science*, **24**（3）, 424-432.

藤澤　翠・高山範理（2014）. 日本語版回復感指標（ROS-J）の開発とオフサイト森林浴の心理的回復効果の測定　環境情報科学論文集, **28**, 361-366.

羽生和紀（2008）. 環境心理学―人間と環境の調和のために―　サイエンス社

Hartig, T., Mang, M., & Evans, G. W.（1991）. Restorative effects of natural environment experiences. *Environment and behavior*, **23**（1）, 3-26.

Hartig, T., Kaiser, F. G., & Bowler, P. A.（1997）. *Further development of a measure of perceived environmental restorativeness*. Institutet för bostadsforskning.

肥田野直（2000）. 新版 STAI マニュアル　実務教育出版

堀　繁・下村彰男・斎藤　馨・香川隆英（1997）. フォレストスケープ―森林景観のデザインと演出―　全国林業改良普及協会

井川原弘一・香川隆英・高山範理・朴　範鎮（2007）. 森林散策における案内人がもたらす効果に関する研究　ランドスケープ研究, **70**（5）, 597-600.

池井晴美・宋　チョロン・香川隆英・宮崎良文（2014）. 日帰り型森林セラピーがもたらす生理的・心理的リラックス効果―座観時における検討―　日本衛生学雑誌, **69**（2）, 104-110.

石崎涼子（2013）. Public Opinion on Forestry and Forest Policy in Japan. Proceedings of IUFRO 2013 Joint Conference of 3.08 & 6.08 Future Directions of Small-scale and Community-based Forestry, 217-226.

岩下豊彦（1983）. SD 法によるイメージの測定―その理解と実施の手引―　川島書店

Kaplan,R. & Kaplan, S.（1989）. *The Experience of Nature -A Psychological Perspective*. Cambridge University Press.

Kaplan, R., Kaplan, S., & Ryan, R.（1998）. *With people in mind: Design and management of everyday nature*. Washington, D.C.: Island Press.（羽生和紀・中田美綾・芝田征司・畑　倫子（訳）（2009）. 自然をデザインする―環境心理学からのアプローチ―　誠信書房）

Kellert, S. R. & Wilson, E. O.(1993). *The Biophilia Hypothesis*. Island Press.（狩野秀之（訳）（2008）.

　　バイオフィリア―人間と生物の絆―　筑摩書房）

小杉正太郎・福川康之・島津明人・田中美由紀・林　弥生・山崎健二・大塚泰正・田中健吾・
　　種市康太郎（2002）．ストレス心理学―個人差のプロセスとコーピング―　川島書店

Korpela, K. M., Ylén, M., Tyrväinen, L., & Silvennoinen, H.（2008）．Determinants of restorative
　　experiences in everyday favorite places. *Health & place*, **14**（4）, 636-652.

Korpela, K. M., Ylén, M., Tyrväinen, L., & Silvennoinen, H.（2010）．Favorite green, waterside and
　　urban environments, restorative experiences and perceived health in Finland. *Health Promotion
　　International*, daq007.

新島善直・村山醸造（1918）．森林美学（覆刻版・1991 年）北海道大学図書刊行会

McGonigal, K.（2011）．*The willpower instinct: How self-control works, why it matters, and what
　　you can do to get more of it.* Penguin.（神崎朗子（訳）（2012）．スタンフォードの自分を変え
　　る教室　大和書房）

McNair, D. M., Lorr, M., & Droppleman, L. F.（1992）．*POMS manual-profile of mood questionnaire.*
　　San Diego: Edits.

宮崎良文（2003）．森林浴はなぜ体にいいか　文藝春秋

森岡清志（2007）．ガイドブック社会調査（第 2 版）日本評論社

日本建築学会（編）（1987）．建築・都市計画のための調査・分析方法　井上書院

奥　敬一・田中伸彦（1999）．森林景観：もつれた糸をほどくには　森林科学, **27**, 2-9.

尾崎勝彦・藤田綾子（2008）．日本語版注意回復尺度の開発　大阪大学大学院人間科学研究科
　　紀要, **34**, 145-164.

小塩真司・西口利文（編）（2007）．質問紙調査の手順　ナカニシヤ出版

Osgood, C. E., Suci, G. J., & Tannenbaum, P. H.（1957）．*The measurement of meaning.* Urbana:
　　University of Illinois Press.

実吉綾子（2013）．フリーソフト「R」ではじめる心理学統計入門　技術評論社

佐藤　徳・安田朝子（2001）．日本語版 PANAS の作成　性格心理学研究, **9**（2）, 38-39.

芝田征司・畑　倫子・三輪佳子（2008）．日本語版 Perceived Restorativeness Scale（PRS）の作
　　成とその妥当性の検討　人間・環境学会誌, **11**（1）, 1-10.

Spielberger, C. D.（1983）．Manual for the State-Trait Anxiety Inventory STAI（form Y）("self-evaluation
　　questionnaire").

高山範理（2002）．生活域周辺の自然環境と自然眺望景観の認知・評価構造との関連について
　　の考察　ランドスケープ研究, **65**（5）, 627-632.

高山範理・喜多明・香川隆英（2007）．生活域の自然環境が身近な森林に対するふれあい活動・
　　管理活動に与える影響　ランドスケープ研究, **70**（5）, 585-590.

高山範理・藤澤翠・荒牧まりさ・多田裕樹（2011）．GTA を応用した快適な森林浴の環境整備に
　　供する環境イメージの構造化　ランドスケープ研究, **74**（5）, 613-618.

高山範理（2012）．森林環境の回復効果に関する国内研究の動向　人間・環境学会誌, **15**（2）,
　　8-12.

高山範理（2015）．日本語版活力感指標（SVS-J）の開発と検証　環境情報科学論文集, **29**, 33-
　　36.

辻裏佳子・豊田久美子（2013）．森林映像の心身反応に関する基礎的検証―男女比較による検
　　討―　日本衛生学会誌, **68**, 175-188.

徳田完二（2011）．一時的気分尺度（TMS）の妥当性　立命館人間科学研究, **22**, 1-6.

上田裕文（2006）．日独の森林イメージに関する比較研究　ランドスケープ研究, **69**（5）, 691-
　　694.

上田裕文・高山範理（2011）．森林浴イメージを構成する空間条件に関する研究　ランドスケー
　　プ研究（オンライン論文集）, **4**, 1-6.

横山和仁（2005）．POMS 短縮版事例解説と手引き　金子書房

▶ **現場の声 3**

Eckbo, G.（著）久保　貞（訳）（1971）．環境とデザイン　鹿島出版会

156

● 第 5 章

Bamberg, S.（2013）. Changing environmentally harmful behaviors: A stage model of self-regulated behavioral change. *Journal of Environmental Psychology*, 34, 151-159.

Cialdini, R. B., Reno, R. R., & Kallgren, C. A.（1990）. A focus theory of normative conduct: Recycling the concept of norms to reduce littering in public place. *Journal of Personality and Social Psychology*, **58**, 1051-1026.

Dawes, R.（1980）. Social dilemmas. *Annual Review of Psychology*, **31**, 169-193.

Hardin, G.（1968）. The tragedy of the commons. *Science*, **162**, 1243-1248.

広瀬幸雄（1994）. 環境配慮行動の規定因について　社会心理学研究, **10**, 44-55.

北海道開発局（2009）. 国道に投棄される飲料系ごみの実態調査報告

北海道新聞（2007）. 家庭ごみ有料化賛成？　それとも反対？　賛否見事に真っ二つ（2007 年 9 月 8 日付朝刊）

Kobayashi, T. & Ohnuma, S.（2016）. Determinants of the adoption of high-cost energy-efficient household facilities. *31st International Congress of Psychology*.

小林　翼・大沼　進・森　康浩（2014）. テキストマイニングを用いた省エネルギーへの態度・行動の質的変化：旭川「Ene-Eco プロジェクト」の事例研究　環境情報科学学術研究論文集, **28**, 37-42.

Lind, A. E. & Tyler, T. R.（1988）. *The social psychology of procedural justice*. NY: Plenum Press.（菅原郁夫・大渕憲一訳（1995）. フェアネスと手続きの社会心理学―裁判，政治，組織への応用―　ブレーン出版）

森　康浩・小林　翼・安保芳久・大沼　進（2016）. 家庭での省エネルギー行動に対する内発的動機付けの長期的な効果―実際のエネルギー使用量と自己申告による省エネ行動を用いた検討―　社会心理学研究, **31**, 160-171.

大沼　進（2007）. 人はどのような環境問題解決を望むのか―社会的ジレンマからのアプローチ―　ナカニシヤ出版

Ohnuma, S.（2009）. Effects of citizen participation program as procedural fairness on social acceptance: A case study of implementing a charge system on household waste in Sapporo. *8th Biennial Conference on Environmental Psychology*, p. 52.

Ohnuma, S.（2010）. Effects of communication between government officers and citizens on procedural fairness and social acceptance: A case study of waste management rule in Sapporo. *The International Society for Justice Research 13th Biennial Conference*, p. 43.

Ohnuma, S.（2011）. Long term effect of citizen participation procedure on public acceptance: A case study of waste management system in Sapporo. *9th Biennial Conference on Environmental Psychology*,（CD-ROM book）.

Ohnuma, S.（2012）. Participatory programs: from planning to implementation and action: Influence of procedural fairness on public acceptance a case study of waste management rule in Sapporo. *Colloquium of Environmental Psychology Research*.

大沼　進（2017）. 家庭ごみ減量化政策にみる市民参加と手続き的公正：札幌市における計画づくりから実践のプロセスデザイン　宮内泰介（編）　どうすれば環境保全はうまくいくのか：現場から考える「順応的ガバナンス」の進め方（pp. 30-58）　新泉社

Ohtomo, S. & Ohnuma, S.（2014）. Psychological intervention to reduce resource consumption: reducing plastic bag usage at supermarkets. *Resources Conservation & Recycling*, **84**, 57-65.

Pruitt, D. G. & Kimmel, M. J.（1977）. Twenty years of experimental gaming: critique, synthesis, and suggestions for the Future. *Annual Review of Psychology*, **28**, 363-392.

札幌市（2007-2015）. 札幌市市政世論調査結果（各年度）
　　http://www.city.sapporo.jp/somu/shiminnokoe/pub_opni/（2017 年 6 月 21 日）

札幌市環境局（2008-2015）. ごみ量の推移（各年度）
　　http://www.city.sapporo.jp/seiso/toukei/gomi/keinen.html（2017 年 6 月 21 日）

Siegel, J., Dubrovsky, V., Kiesler, S., & McGuire, T. W.（1986）. Group processes in computer-mediated Bamberg, S.（2013）. Changing environmentally harmful behaviors: A stage model of self-regulated behavioral change. *Journal of Environmental Psychology*, **34**, 151-159.

Törnblom, K. Y. & Vermunt, R.（2007）. *Distributive and procedural justice: Research and social application*. NH: Ashgate.

Vining, J. & Ebreo, A.（1990）. What makes a recycler? A comparison of recyclers and nonrecyclers. *Environment and Behavior*, **22**, 55-73.

Yamagishi, T.（1986）. The provision of a sanctioning system as a public good. *Journal of Personality and Social Psychology*, **51**, 110-116.

▶ 現場の声 4

Lewin, K.（1947）. Group decision and social change. In G. E. Swanson, T. M. Newcomb & E. L. Hartley（Eds.）, *Readings in social psychology*（pp.330-344）. NY: Henry Holt & Company.

● 第6章

Bernasco, W.（2009）. Modeling micro-level crime location choice: Application of the discrete choice framework to crime at places. *Journal of Quantitative Criminology*, **26**, 113-138.

Bernasco, W. & Nieuwbeerta, P.（2005）. How do residential Burglars select target areas?: A new approach to the analysis of criminal location choice. *British Journal of Criminology*, **45**, 296-315.

Block, R. & Bernasco, W.（2009）. Finding a serial burglar's home using distance decay and conditional origin-destination patterns: A test of empirical bayes journey-to-crime estimation in the Hague. *Journal of Investigative Psychology and Offender Profiling*, **6**, 187-211.

Brantingham, P. J., & Brantingham, P. L.（1984）. *Patterns in crime*. NY: Macmillan.

Canter, D., Coffey, T., Huntley, M., & Missen, C.（2000）. Predicting serial killers' home base using a decision support system. *Journal of Quantitative Criminology*, **16**, 457-478.

Canter, D. & Hammond, L.（2006）. A comparison of the efficacy of different decay functions in geographical profiling for a sample of US serial killers. *Journal of Investigative Psychology and Offender Profiling*, **3**, 91-103.

Canter, D. & Larkin, P.（1993）. The environmental range of serial rapists. *Journal of Environmental Psychology*, **13**, 63-69.

Clare, J., Fernandez, J., & Morgan, F.（2009）. Formal evaluation of the impact of barriers and connectors on residential burglars' macro-level offending location choices. *Australian and New Zealand Journal of Criminology*, **42**, 139-158.

Cohen, L. E. & Felson, M.（1979）. Social change and crime rate trends: A routine activity approach. *American Sociological Review*, **44**, 588-608

Cornish, D. B. & Clarke, R. V.（Eds.）（1986）. *The reasoning criminal: Rational choice perspectives on offending*. NY: Springer.

Goodwill, A. M. & Alison, L. J.（2005）. Sequential angulation, spatial dispersion and consistency of distance attack patterns from home in serial murder, rape and burglary. *Psychology, Crime and Law*, **11**, 161-176.

Emeno, K. & Bennell, C.（2013）. The effectiveness of calibrated versus default distance decay functions for geographic profiling: A preliminary examination of crime type. *Psychology, Crime and Law*, **19**, 215-232.

Haginoya, S.（2014）. Offender demographics and geographical characteristics by offender means of transportation in serial residential burglaries. *Psychology, Crime and Law*, **20**, 515-534.

萩野谷俊平（2016）. 犯罪者プロファイリング研究―住居対象侵入窃盗事件の分析―　北大路書房

萩野谷俊平・倉石宏樹・花山愛子・小林正和・細川豊治・杉本貴史（印刷中）. 地理的プロファイリングの精度比較　心理学研究

Hammond, L.（2014）. Geographical profiling in a novel context: Prioritising the search for New Zealand sex offfenders. *Psychology, Crime and Law*, **20**, 358-371.

Hammond, L., & Youngs, D.（2011）. Decay functions and criminal spatial processes: Geographical offender profiling of volume crime. *Journal of Investigative Psychology and Offender Profiling*, **8**, 90-102.

花山愛子・萩野谷俊平・細川豊治・蒲生晋介・真栄平亮太・小野修一（2013）．住居対象侵入
　　窃盗事件における認知件数密度を用いた被疑者拠点推定　犯罪心理学研究, **51**（特別号），
　　164-165.

羽生和紀（2006）．連続放火の地理的プロファイリング―サークル仮説の妥当性の検討―　犯
　　罪心理学研究, **43**, 1-12.

菅美知子・萩野谷俊平・細川豊治・蒲生晋介・石内彩美（2016）　地理的プロファイリングに
　　おける拠点推定モデルの精度比較―犯行地点数の影響の検討―　犯罪心理学研究, **54**, 41-
　　51.

Kent, J. D. & Leitner, M.（2012）．Incorporating land cover within bayesian journey-to-crime estimation
　　models. *International Journal of Psychological Studies*, **4**, 120-140.

Kent, J., Leitner, M., & Curtis, A.（2006）．Evaluating the usefulness of functional distance measures
　　when calibrating journey-to-crime distance decay functions. *Computers, Environment and Urban
　　Systems*, **30**, 181-200.

Kocsis, R. N. & Irwin, H. J.（1997）．An analysis of spatial patterns in serial rape, arson, and burglary:
　　The utility of the circle theory of environmental range for psychological profiling. *Psychiatry,
　　Psychology and Law*, **4**, 195-206.

Kocsis, R. N., Irwin, H. J., & Allen, G.（2002）．A further assessment of "circle theory" for geographic
　　psychological profiling. *Australian and New Zealand Journal of Criminology*, **35**, 43-62.

Laukkanen, M., & Santtila, P.（2006）．Predicting the residential location of a serial commercial robber.
　　Forensic Science International, **157**, 71-82.

Laukkanen, M., Santtila, P., Jern, P., & Sandnabba, K.（2008）．Predicting offender home location in
　　urban burglary series. *Forensic Science International*, **176**, 224-235.

Levine, N.（2014）．*Chaper 13: Journey-to-crime estimation*. TX: Ned Levine & Associates, and
　　Washington, D.C.: the National Institute of Justice.

Lundrigan, S. & Czarnomski, S.（2006）．Spatial characteristics of serial sexual assault in New Zealand.
　　Australian and New Zealand Journal of Criminology, **39**, 218-231.

Meaney, R.（2004）．Commuters and marauders: An examination of the spatial behaviour of serial
　　criminals. *Journal of Investigative Psychology and Offender Profiling*, **1**, 121-137.

三本照美・深田直樹（1999）．連続放火犯の居住地推定の試み―地理的重心モデルを用いた地
　　理プロファイリング―　科学警察研究所報告（防犯少年編）, **40**, 23-36.

Paulsen, D. J.（2006a）．Connecting the dots: Assessing the accuracy of geographic profiling software.
　　Policing: An International Journal of Police Strategies and Management, **29**, 306-334.

Paulsen, D.（2006b）．Human versus machine: A comparison of the accuracy of geographic profiling
　　methods. *Journal of Investigative Psychology and Offender Profiling*, **3**, 77-89.

Paulsen, D.（2007）．Improving geographic profiling through commuter/marauder prediction. *Police
　　Practice and Research*, **8**, 347-357.

Rattner, A. & Portnov, B. A.（2007）．Distance decay function in criminal behavior: A case of Israel.
　　The Annals of Regional Science, **41**, 673-688.

Rengert, G. F., Piquero, A. R., & Jones, P. R.（1999）．Distance decay reexamined. *Criminology*, **37**,
　　427-446.

Rhodes, W. M. & Conly, C.（1981）．Crime and mobility: An empirical study. In P. J. Brantingham, & P. L.
　　Brantingham（Eds.），*Environmental criminology*（pp. 167-188）．CA: Sage Publications.

Rossmo, D. K.（2000）．*Geographic profiling*. LLC: CRC Press.（渡辺昭一（監訳）（2002）．地理
　　的プロファイリング―凶悪犯罪者に迫る行動科学―　北大路書房）

Sarangi, S. & Youngs, D.（2006）．Spatial patterns of Indian serial burglars with relevance to
　　geographical profiling. *Journal of Investigative Psychology and Offender Profiling*, **3**, 105-115.

Snook, B.（2004）．Individual differences in distance travelled by serial burglars. *Journal of
　　Investigative Psychology and Offender Profiling*, **1**, 53-66.

Snook, B., Zito, M., Bennell, C., & Taylor, P. J.（2005）．On the complexity and accuracy of geographic
　　profiling strategies. *Journal of Quantitative Criminology*, **21**, 1-26.

田村雅幸・鈴木　護（1997）．連続放火の犯人像分析 1―犯人居住地に関する円仮説の検討―

科学警察研究所報告（防犯少年編）, **38**, 13-25.

Tonkin, M., Woodhams, J., Bond, J. W., & Loe, T.（2010）. A theoretical and practical test of geographical profiling with serial vehicle theft in a U.K. context. *Behavioral Sciences and the Law*, **28**, 442-460.

Van Daele, S., & Bernasco, W.（2012）. Exploring directional consistency in offending: The case of residential burglary in The Hague. *Journal of Investigative Psychology and Offender Profiling*, **9**, 135-148.

Warren, J., Reboussin, R., Hazelwood, R., Cummings, A., Gibbs, N., & Trumbetta, S.（1998）. Crime scene and distance correlates of serial rape. *Journal of Quantitative Criminology*, **14**, 35-59.

索 引

161

┃ シリーズ監修者

太田信夫 （筑波大学名誉教授・東京福祉大学教授）

┃ 執筆者一覧（執筆順）

羽生和紀	（編者）	はじめに，第 1 章，付録
柳瀬亮太	（信州大学大学院総合理工学研究科）	第 2 章，付録
白川真裕	（日本大学文理学部人文科学研究所）	第 3 章
高山範理	（国立研究開発法人森林総合研究所）	第 4 章
大沼　進	（北海道大学大学院文学研究科）	第 5 章
萩野谷俊平	（栃木県警察本部刑事部科学捜査研究所）	第 6 章

┃ 現場の声　執筆者一覧（所属等は執筆当時のもの）

現場の声 1	柳瀬亮太	（信州大学大学院総合理工学研究科）
現場の声 2	坂　伊織	（株式会社フロンティアコンサルティング）
現場の声 3	高山範理	（国立研究開発法人森林総合研究所）
現場の声 4	大沼　進	（北海道大学大学院文学研究科）
現場の声 5	萩野谷俊平	（栃木県警察本部刑事部科学捜査研究所）

【監修者紹介】

太田信夫（おおた・のぶお）

1971 年　名古屋大学大学院教育学研究科博士課程単位取得満了
現　在　筑波大学名誉教授，東京福祉大学教授，教育学博士（名古屋大学）
【主著】
　記憶の心理学と現代社会（編著）　有斐閣　2006 年
　記憶の心理学（編著）　ＮＨＫ出版　2008 年
　記憶の生涯発達心理学（編著）　北大路書房　2008 年
　認知心理学：知のメカニズムの探究（共著）　培風館　2011 年
　現代の認知心理学【全7巻】（編者代表）　北大路書房　2011 年
　Memory and Aging（共編著）Psychology Press 2012 年
　Dementia and Memory（共編著）Psychology Press 2014 年

【編者紹介】

羽生和紀（はにゅう・かずのり）

1995 年　The Ohio State University, City and Regional Planning（Environment and
　　　　Behavior Studies）博士課程修了
現　在　日本大学文理学部心理学科教授（Ph.D.）
【主著】
　複雑現象を量る：紙リサイクル社会の調査（共著）　朝倉書店　2001 年
　犯罪心理学（分担執筆）　朝倉書店　2005 年
　環境心理学の新しいかたち（分担執筆）　誠信書房　2006 年
　環境心理学：人間と環境の調和のために　サイエンス社　2008 年
　心理学のための英語論文の書き方・考え方　朝倉書店　2014 年
　心理学を学ぶまえに読む本　サイエンス社　2015 年

シリーズ心理学と仕事 17　環境心理学

2017 年 9 月 10 日　初版第 1 刷印刷	定価はカバーに表示
2017 年 9 月 20 日　初版第 1 刷発行	してあります。

監修者　　太田信夫

編　者　　羽生和紀

発行所　　（株）北大路書房

〒 603-8303　京都市北区紫野十二坊町 12-8
電 話（075）431-0361（代）
FAX（075）431-9393
振替　01050-4-2083

©2017　　　　　　　　　　　イラスト／田中へこ
印刷・製本／創栄図書印刷（株）
検印省略　落丁・乱丁本はお取り替えいたします。
ISBN978-4-7628-2989-5　Printed in Japan